KB271061

호텔경영정보시스템 서비스품질

호텔경영정보시스템 서비스품질

허정봉 著

한국학술정보㈜

서 문

업무도구 보다는 사용자를 위해 품질을 고려한 정보제공 서비스도구로 ……

   호텔산업에 정보시스템이 도입된 시기는 다른 생산 산업에 비해 상당히 늦게 진행되었다.

   아마 호텔산업 특성이 인적서비스 제공에 의존하는 이유가 그 하나이고 호텔에서 근무하는 대다수의 전 세계 유명호텔 종사원들이 업무 성격상 중·장년층으로 구성되어 컴퓨터 보다는 업무 숙련도 및 서비스 마인드로 운영 되었던 탓일 것이다.

   1986년, 1988년 우리나라에서 개최 된 올림픽 대회를 계기로 세계 굴지의 호텔들이 우리나라에 상륙하여 강북을 중심으로 형성되었고 강남지역에 코엑스 건물이 건설되면서 강남지역에서도 세계굴지의 호텔들이 짧은 기간 동안 많이 오픈 되었다.

   이러한 체인호텔들의 경영특성상 업무의 표준화가 필요했으며 경영에 필요한 통일된 출력물들이 필요하게 됨으로 가장 편리하고 쉽게 접근 할 수 있는 업무 도구가 컴퓨터인 것은 두말 할 필요가 없었던 것이다.

   주로 특급호텔로 정보시스템의 설치 및 운영이 활성화 되어 특1급 호텔에서는 동일한 하드웨어 및 소프트웨어를 설치운영하고 있으며, 외식산업을 포함한 호텔 레스토랑조차도 동일한 하드웨어와 소프트웨어를 설치 운영하여 업무의 경영 과학화에 이용되고 있다.

   특히, 인터넷을 이용한 마케팅전략 도구 수단인 CRS시스템은 호텔 나름대로 네트워킹을 구축하여 호텔 브랜드 가치를 상승시키기 위해 홍보 및 판촉 활동을 하고 있다.

그리고 다양한 기능을 가진 PABX시스템 설치는 호텔 객실에서 일어나는 정보의 변동을 일목요연하게 정리를 해주고 있으며 또한 업무의 수단이 아니라 고객에게 직·간접적인 서비스를 제공함으로써 인적서비스의 대명사인 호텔산업 특성을 자동화 서비스 특성으로 변환하는데 일조를 하고 있다.

현재 우리가 사용하는 핸드폰 기능인 음성사서함, 발신자 정보 검색 등 여러 가지 서비스가 이미 오래전에 호텔산업에서는 고객을 대상으로 제공된 서비스의 일종인 것이다. 지금은 정보의 이용이 유비쿼터스화 되여 우리 일상생활에 스며들고 있는 것이 정보시스템 환경이다.

이와 같이 우리 일상생활에 사용되는 정보 제공의 도구가 단지 업무를 위한 시스템의 한계를 벗어나 고객에게 서비스를 제공해 주는 단계로 넘어 왔다.

이 단계에서 호텔에서 사용되는 정보시스템에 대한 기준을 서비스 제공 용도로 생각하고 현재 종사원이나 고객에게 제공되는 정보를 서비스 품질로 보편화하여 측정모델을 통한 서비스품질 결과에 따라 질 좋은 정보 서비스를 제공해야 한다.

본 연구자는 아직까지 개발되고 있지 않은 호텔산업을 대상으로 정보시스템 서비스 품질에 관한 측정 연구를 시도하여 하나의 표준모델을 만들어 보고, 그 과정에서 참고한 여러 가지 선행자들의 품질 서비스 이론을 공부하여 이 결과물을 한국학술정보(주)를 통하여 미력하지만 연구논문을 자료화 하였다. 부족한 내용이지만 조언을 아끼지 마시고 항상 채찍질 해주신다면 앞으로 연구하는데 많은 도움이 될 것이다.

끝으로 이 한권의 책이 편찬 될 수 있도록 물심양면으로 도움을
주신 한국학술정보(주) 채종준 사장님 이하 임직원 일동에게 고마
움을 전하며 연구자들에 도움이 될 수 있는 학술도서가 되었으면
하는 바람이다.

복정골에서 우초 허 정봉

표 목차

그림 목차

제1장 서 론

제1절 문제제기

국내 총생산에 대한 서비스 산업의 비중은 '98년 기준 52.7%에 달한다. 또한 소비(가계소비 지출)와 고용(전체산업 취업자)에서 차지하는 비중도 각각 58.9%, 59.8%에 이르러 서비스 산업이 우리 경제에서 차지하는 비중의 확대와 질적 변화 등을 고려할 때, 서비스 경제 시대에는 새로운 형태의 경쟁인 서비스 경쟁, 경영관리 기법상의 변화, 경영상의 새로운 조직 등을 요구하는 커다란 변화가 예상되고 있다고 한다(한국은행, 1999).

이러한 서비스 산업의 변화와 중요성이 날로 커지는 시점에서 첫째, 국민 행복을 위한 고품질 서비스 요구의 증가 둘째, 국내 서비스 품질 수준의 낙후성 셋째, 급속한 세계화에 따른 접촉 기회의 증대 넷째, 서비스 품질 향상을 통한 기업 경쟁력 증대 가능성 다섯째, 월드컵 개최 등 국제행사 개최를 위한 서비스 품질 지표 필요성의 증대 여섯째, 기업에서는 품질개선을 위한 구체적 관리 포인트 개발의 필요성 등이 제기됨에 따라, 우리 실정에 맞는 서비스 품질 평가와 측정 모델 개발의 필요성이 제기 되고 있다. 한국표준협회 서비스품질 평가센터에서는 한국서비스품질지수(KS-SQI: Korean Standard-Service Quality Index)를 개발하여 모든 서비스 품질에 관한 국가 및 전 산업에 적용할 수 있는 지표를 마련하였다

(한국표준협회, 2000). 한국서비스품질지수 모델은 서비스 성과 평가와 이전에 가지고 있던 기대와의 차이가 서비스 품질에 대한 만족을 설명할 수 있다는 PZB(A. Parasuraman, V. A. Zeithaml, Leonard L. Berry)의 SERVQUAL 모델을 이론적 근거를 두었다.

본 연구에서는 서비스업의 대표적인 호텔서비스업을 대상으로 진행되어온 서비스 품질에 대한 연구가 어디에 와 있는가를 조사하는 과정에서 대부분의 연구가 마케팅 분야에서 개발된 SERVQUAL 및 SERVPERF 모델로 호텔 이용고객을 대상으로 엄서호(1993), 김대권(1994), 박중환(1996), 이준혁(1998)으로 연구는 지속적으로 진행되고 있으나 연구자마다 고객 조사대상 및 분류 방법에 따라 호텔서비스 품질 속성 평가를 달리하고 있다는 것을 알게 되었다.

이와 같이 호텔 이용고객을 대상으로 서비스 품질을 측정하는 연구는 진행되고 있으나 호텔종사원이 고객에게 신속하고 효율적인 서비스를 제공하기 위해서 업무보조 및 내부마케팅 역할을 하는 호텔정보시스템 서비스 품질에 관한 국내 연구는 없다.

오늘날 정보화 사회 환경은 각 기업의 조직에서 정보시스템 부서의 역할이 매우 넓은 범위로 확장되었다. 80년도에는 메인프레임환경으로 업무용 정보시스템 기능의 중요도로 인하여 시스템 개발자와 운영자의 역할이 중요했으나, 90년대에는 일인 일대의 퍼스널컴퓨터 보급과 네트워크 발전으로 파생되는 정보기술을 이용하는 사용자가 증가하면서 서비스의 지원체제가 필요하였다. LAN(Local Area Network)연결, 시스템 개발, 그리고 소프트웨어 교육, 하드웨어와 소프트웨어의 선정 및 설치, 정보시스템 문제 해결과 같은 많은 업무를 정보시스템 부서가 도와주기를 정보시스템 사용자는 기대하였다. 정보시스템 부서 내의 정보센터 및 도움이 창구와 같은 시설은 이와 같은 내용을 잘 반영해주며 이로 인하여 정보시스템 부서의 역할은 제품개발자와 운영관리자에서 서비스제공자로 역할을 더하게 되었다.

기본적으로 정보시스템 부서는 가공되지 않은 자료에서 사용자가 필요한 정보로 바꾸어 주는 업무용보고서, 요약보고서, 의사결정을 위한 자료를 제공하는 서비스를 항상 하고 있다. 자료를 정보로 변환해주는 작업은 서비스의 전형적인 성격이며 시스템개발 라이프사이클(system development life cycle)의 마지막 단계인 유지보수에서도 나타난다(Alter, 1992; Laudon and Laudon, 1991). 유지보수 단계의 내용에는 정보시스템 사용자 교재제공, 사용자 통계분석, 시스템개발요구서, 문제해결요구를 포함한 서비스제공자로서의 역할을 강조하고 있다.

그러나 아직까지도 정보시스템 부서의 기능이 서비스제공자로 잘 인식되지 않은 이유는 디론과 맥린(1992)이 1981년부터 1987년 사이에 발표한 정보시스템 성공에 대해서 연구한 논문 180편을 분석하면서 정보시스템 성공과 관련된 변수를 시스템의 질, 정보의 질, 사용 빈도, 사용자 만족, 개인에의 영향, 조직에의 영향 등 6가지로 분류하고 있는 것으로 보아도 80년대는 정보시스템 기능이 서비스 전달자보다는 제품을 생산하는 대상으로 생각한다고 하겠다. 그동안 많은 정보시스템 연구자들은 자신의 경험적 정보시스템 연구에서 평가척도로서 사용자 만족을 제시하고 있고, 특히 특정 정보시스템에 대해서 성과를 측정할 때 사용자 만족이 더 적당하다는 것을 발견했다.

그러나 90년도 들어와서 정보시스템의 발전으로 기존에 연구된 정보시스템 성공의 척도로서는 사용자 만족을 통한 성공을 기대할 수 없는 상황에서 정보시스템에 대한 서비스 질을 SERVQUAL이라는 마케팅 분야에서 개발된 도구를 사용하여 측정하는 연구를 시작하였다(Pitt & Watson, 1995, 1997, 1999).

이는 지금까지 정보시스템을 제품의 기능으로만 생각하고 있던 정보시스템 성공요인 측정 범위가 퍼스널컴퓨터의 보급과 정보통신의 발전으로 제품뿐만 아니라 서비스 전달자의 기능으로 추가되었으며 이에 대한 서비스 품질 측정 연구는 정보시스템 분야에서 지속적으로 연구가 될 것으로 보인다. 본 연구의 응용단계로 호텔정보시스템 사용자 만족에 따라 종사원 인적서비스 및 직무만족에 대한 영향력과 상관관계를 연구하고자 한다.

오늘날 호텔종사원의 업무환경이 정보시스템에 의해 지배되고 있기 때문이며 정보시스템 서비스 품질에 따라 종사원의 인적서비스가 향상되며 또한 직무를 만족시킬 수 있다. 따라서 본 연구에서 아래와 같이 문제 제기를 하고자 한다.

첫째, 호텔정보시스템 서비스 품질은 측정이 가능한가?

둘째, 호텔정보시스템 서비스 품질을 측정하기 위한 지표는 무엇인가?

셋째, 객실관리업무, 관리업무, 업장 관리업무를 구분할 때 호텔정보시스템 서비스에 대한 이들 간의 인식 정도에 차이가 있는가?

넷째, 호텔정보시스템 서비스 품질이 호텔종사원 인적서비스제공 수준에 미치는 영향은 무엇인가?

다섯째, 호텔정보시스템 서비스 품질이 호텔종사원 직무만족요인과 어떠한 관계가 있는가?

제2절 연구목적 및 의의

국제행사를 앞두고 있는 우리나라는 숙박시설의 부족으로 인한 문제점을 해결하기 위하여 많은 연구를 하고 있다. 그중 부족한 객실을 장급여관, 민박 등 대체숙박시설들로 활용하자는 것이다. 그러나 이 방안도 여러 가지 제약요인이 있고 그중 대부분 수작업에 의한 업무처리로 고객 예약 및 관리를 위한 정보시스템 구축이 되지 않고 있다는 지적이다. 숙박산업의 정보화는 정보화 시대에 살고 있는 호텔 이용고객에게 만족스러운 서비스를 제공하기 위해서는 반드시 필요하다.

또한 정보화 구축에 전념한 기존의 호텔서비스업에 대한 정보시스템 서비스 품질 평가가 필요하다고 본다. 따라서 본 연구에서는 조사 연구 자료를 기초하여 호텔종사원을 대상으로 호텔정보시스템 서비스 품질 평가를 실시한다. 이를 위해 호텔정보시스템 서비스 품질을 평가할 수 있는 척도를 개발한다. 그리고 정보시스템 서비스 품질이 종사원이 호텔을 이용하는 고객에게 훌륭한 서비스를 제공하는 데 직접적으로 연관이 있음을 강조하고자 한다. 이는 호텔정보시스템 서비스의 중요점을 찾아 호텔서비스업의 서비스 연구 분야를 확대하고자 한다.

이를 위해서 본 연구에서는 첫째, 선행 연구를 통하여 호텔서비스업의 품질 평가 연구 진행 및 연구결과의 상황을 판단하고자 한다. 둘째, 서울에 위치한 특급호텔에 설치된 정보시스템의 현황 및 문제점을 조사하고 종사원이 정보시스템 서비스 시스템에 대한 기대하고 지각하는 정도를 파악하고자 한다. 셋째, 일반적인 정보시스템 서비스 품질 평가항목을 조사하여 호텔서비스업의 정보시스템 서비스 품질 평가항목을 만들고자 한다. 넷째, 도출된 호텔정보시스템 서비스 평가항목에 대한 신뢰도, 적합도, 타당도 조사를 통하여 측정 항목을 정리하고자 한다. 다섯째, 호텔정보시스템 서비스 품질을 측정하기 위하여 마케팅 분야에서 개발된 PZB의 SERVQUAL 모형을 이용하여 호텔종사원의 만족도를 측정한 후 요인분석을 통하여 요인을 만들고자 한다. 여섯째, 업무기능별로 운영되는 호텔정보시스템 서비스 품질을 요인분석을 통하여 호텔정보시스템 구축시 고려해야 할 서비스 품질 속성을 결정하고자 한다. 일곱째, 호텔서비스업에서 많이 연구되어온 종사원의 인적서비스와 직무만족에 미치는 영향력 중 본 연구에서 개발된 호텔정보시스템 서비스 품질에 대한 종사원의 인적서비스와 직무만족에 미치는 관계를 파악하고자 한다.

오늘날 정보화 사회에 살고 있는 호텔서비스업의 환경은 정보시스템을 도구로 업무 및 고객 서비스 지원에 주요하게 적용하고 있다. 인터넷을 통한 호텔상품도 정보시스템 환경하에서 제품화되어 고객들을 대상으로 판매되고 있으며 정보시스템 없이는 신속·정확하게 정보가 제공될 수 없는 것이 현실이다.

이러한 고객의 편의와 선택의 폭을 위해서라도 호텔정보시스템의 서비스 품질 척도를 종사원을 대상으로 연구 조사하여 우리나라 숙박산업의 정보시스템 구축에 의해 제공되는 서비스 품질을 고급화 및 선진화하여 호텔종사원의 인적서비스 향상 및 직무에 대한 만족도를 높여야 한다.

따라서 이 연구의 의의는 기존에 연구된 고객 중심적 호텔서비스 품질 측정의 연구가 아닌 고객을 대상으로 서비스를 제공하기 위해 사용되는 정보시스템 사용자인 호텔종사원을 대상으로 호텔정보시스템의 서비스 품질을 처음으로 조사 연구하는 데 있다. 그 결과 첫째, 호텔정보시스템 서비스 품질 측정 지표를 가지고 호텔 산업에 적용할 수 있는 통일된 측정 모형을 만든다. 둘째, 동종 산업은 물론 이종 산업의 벤치마킹 자료로 활용이 가능하도록 한다. 셋째, 서비스 품질의 기대도와 지각도 사이의 인과관계 프로세서를 반영하는 계량모델로 적용 가능하도록 한다. 넷째, 정보시스템 서비스 품질 진단 및 개선 전략 수립을 위하여 전략적으로 활용이 가능한 성과지향형 모델로 발전하는 데 의의가 있도록 한다. 마지막으로 정보시스템의 서비스 품질과 종사원의 인적서비스 그리고 직무만족 간의 관계를 분석하여 호텔산업 경영에 필요한 자료를 제공한다.

제3절 연구범위 및 연구방법

오늘날 세계적인 호텔은 대부분 체인 경영으로 영업을 하고 있다. 인적서비스와는 별개로 호텔 이용고객을 위하여 후진국의 호텔 경영 서비스 수준을 선진국 서비스 수준과 동일하게 제공할 수 있도록 정보시스템을 구축하고 있다.

통합된 정보 시스템의 설치 및 운영은 전 세계적으로 공용화가 되어 있으며, 국내 순수한 특급호텔도 체인호텔에서 운용중인 정보시스템을 시장 조사하여 구축하고 있다. 따라서 본 연구의 연구범위를 서울에 위치한 특1급 호텔 13개[1] 중 FIDELIO[2] 프론트오피스시스템이 동일한 형태로 운영되고, 레스토랑 경영정보시스템이 동일한 MICROS POS[3] 시스템이 있는 호텔과 특2급 호텔을 대상으로 하였다. 이유는 고객에 직접적으로 관련이 되는 정보시스템은 객실고객을 대상으로 한 시스템인 프론트오피스시스템이며 업장 이용고객을 대상으로 운영되는 정보시스템이 POS 시스템이기 때문이다. 또한, 이 시스템들은 특급호텔의 체인 본부의 일괄성 있는 정책으로 동일한 기능을 가진 모델로 구축되는 글로벌시스템이기 때문에 호텔정보시스템의 하드웨어, 소프트웨어, 각종 보고서 양식이 동일하다고 할 수 있다.

본 연구는 전술한 연구의 목적을 달성하기 위하여 첫째는 문헌적 연구로 호텔서비스 유형, 서비스 평가 속성, 서비스 품질의 개념정립, 그리고 서비스 품질의 측정에 관한 현재까지 수행된 문헌적 연구를 통해 분석함으로써 연구의 이론적 근거를 제시하고자 한다.

둘째, 호텔정보시스템 서비스 품질 측정척도 개발 및 기타 연구목적을 달성하기 위해서 서울지역의 특급호텔정보시스템 사용자를 연구대상으로 하여 SERVQUAL 서비스 척도 절차를 이용하여 실증적 연구를 실시하고자 한다.

---

1) 1999년 6월 아미가호텔이 특2급에서 특1급으로 승급됨으로 서울에 위치한 특1급호텔이 13개로 되었다.
2) 피델리오(Fidelio)시스템은 독일에서 개발된 PC-LAN환경의 호텔관리시스템으로써 기존에 설치된 호스트컴퓨터 환경의 HIS시스템을 대신하여 전 세계의 호텔에 보급되고 있는 대표적인 시스템이며 우리나라도 웨스틴조선(서울, 부산), 인터콘티넨탈(그랜드, 아셈), 르네상스, 래디슨 프라자, 힐튼(서울, 경주), 하얏트, 메리엇트, 엠베셔더호텔에서 설치 운영되고 있다. 또한 리츠칼튼, 신라(서울, 제주)호텔도 시스템 교체계획 중이다.
3) MICROS-POS시스템은 FIDELIO와 같은 회사에서 생산되는 시스템으로 우리나라뿐만 아니라 전 세계적인 호텔에서 사용하는 업장 경영용 정보시스템이다.

호텔정보시스템 서비스 품질 속성요인은 피터와 왓슨이 일반적인 정보시스템 서비스 품질 측정에 처음으로 도입한 SERVQUAL모델의 5차원과 22개 속성을 토대로 한다. 그리고 호텔실무자와 패널토의[4]를 하고 호텔정보시스템 개발회사와 인터뷰를 한 후 호텔정보시스템 서비스를 평가를 위하여 필요한 평가항목을 추가한다. 설문지를 작성하여 신뢰성 및 적합성, 타당성분석을 통하여 호텔정보시스템 서비스 품질을 평가할 수 있는 항목을 확정한다. 그리고 요인분석을 통하여 요인을 명명하고 호텔정보시스템 서비스 품질 모델로 제시한다.

응용단계로 호텔서비스업에서 많이 연구되어온 인적서비스와 직무만족에 대한 호텔정보시스템 서비스 품질이 미치는 영향력을 파악하고자 한다. 이를 위해 파라슈라만 외 2인이 제시한 서비스 품질의 결정요인 중 인적서비스에 영향을 미치는 요인과 호텔실무자들과의 패널토의를 거쳐 구성항목을 결정한 김민주가 개발한 인적서비스 측정요인인 서비스 방식이해, 친절성, 개별적 배려, 감정이입, 대응성, 신뢰성, 고객이해에 포함된 25개 항목 중 22개 항목을 신뢰도, 적합도 및 타당도 조사를 거쳐 요인분석에서 요인을 재확인 한 후 호텔정보시스템 서비스 품질요인의 영향력을 분석한다. 또한 조긍호가 개발한 직무만족척도의 상사·동료, 자기개발, 외적

---

4) 정보시스템 서비스 속성은 일반적인 서비스 속성과 달리 전문적인 견해와 지식이 없으면 광범위하게 속성요인을 도출할 수가 없다. 따라서 Pitt. Leyland F.와 Wastson, Richard T.가 조사한 SERVQUAL정보시스템 모형 22개 속성을 가지고 패널토의를 통하여 호텔정보시스템의 서비스 품질 측정에 적합한지 조사를 하였다. 1차는 2000년 7월 21일부터 22일까지 정보시스템사용자(프론트업무 부서와 관리업무 부서) 2차는 2000년 7월 25일부터 26일 동안 호텔정보시스템실 및 호텔정보시스템 개발회사를 대상으로 조사하였다.

보상요인 중에서 상사·동료와 자기개발 측정요인을 선별하여 호텔
서비스업에 처음으로 적용하고 호텔정보시스템 서비스 품질이 종사
원의 직무만족에 미치는 영향력과 호텔서비스업에 적용했을 때 요
인이 어떻게 변하는지를 조사하고자 한다.

제2장 이론적 고찰

제1절 정보시스템 서비스 품질 개요

1. 서비스 및 품질의 정의

1) 서비스의 정의

서비스 품질은 서비스 마케팅의 근원이며 마케팅 4P 믹스인 제품, 유통, 판촉, 가격도 서비스 사업에서 우량 품질 인정 없이는 적용될 수 없다(PZB, 1991)라고 한 것처럼 서비스 산업에서의 마케팅 기본은 서비스 품질이다. 서비스와 품질에 대한 정의를 보면 학자마다 제각기 다르게 표현하고 있다. 서비스란 상대에 대한 봉사, 섬김, 배려, 욕구충족을 위해 애정을 가지고 베푸는 행위이며 최고의 서비스는 희생정신이다(김경덕, 2000). 또한, Smith는 교사, 의사, 문인, 배우 등과 같이 부를 창출할 수 없는 직업을 비생산적 노동으로 규정했으며, 자본과 교환될 수 있는 노동이나 상품 생산에 필요한 노동만을 생산적 노동으로 보았다. Say는 서비스를 비물질적 부라고 하였다. 부의 본질은 효용에 있으며 생산은 물질의 창조가 아니라 효용의 창조라는 것이다. Marshall은 더 발전하여 물질적 생산이란 근본적으로 존재하지 않고 다만 다른 물체의 형태를 바꾸거나 화학적인 변화를 일으킨 것에 불과하다고 하였다.

서비스는 물질적 재화를 생산하는 노동과정 밖에서 기능하는 노동을 광범위하게 포괄하는 개념으로서 용역이라고 번역되기도 했다. 서비스에는 여러 가지 노동이나 활동이 포함되는데 대체로 다음과 같은 특징이 있다. 첫째, 다른 노동은 생산물로 대상화되어 생산물을 통하여 우회적·간접적으로 인간의 욕망을 충족시켜주나 서비스 노동은 인간의 욕망을 직접적으로 충족시켜준다. 둘째, 다른 노동은 생산물로 대상화되어 그 생산과 소비가 시간적·공간적으로 분리되어 이루어지나, 서비스 노동은 생산물로 대상화되지 않으므로 시간적으로는 생산과 동시에 그리고 공간적으로는 생산된 곳에서 소비되어야 한다.

셋째, 다른 노동은 물질적 재화의 생산을 통하여 인간생명의 물질적 재생산에 직접 기여하는 바가 많으나 서비스 노동은 인간생명에 직접 기여하는 바는 적다.

넷째, 다른 노동은 노동대상이나 노동수단, 곧 생산수단을 필요로 하나 서비스 노동은 반드시 생산수단을 필요로 하지는 않는다. 이와 같은 특성을 가지고 서비스의 정의는 다양하게 학자들마다 내리고 있지만 미국 마케팅학회는 서비스란 판매를 위해 제공되거나 제품의 판매에 부수되는 행위, 편익, 만족으로 정의하였다(AMA, 1982).

2) 품질의 정의

일반적으로 품질 관리라는 용어 중의 품질에 대한 개념은 상당히 복잡하여 다음과 같은 여러 측면에서 정의된다. 첫째, 규격의 부합

성, 둘째, 용도의 적합성, 셋째, 고객의 만족도, 넷째, 가격의 타당성,
다섯째, 효용의 가치성이다(김성인, 1994).

여기서 고객의 만족이란 품질의 제일 중요한 측면을 구매자로 보
는 것이다. 이것은 경쟁 관계에 있는 서비스 분야에서는 제일 적절
한 관점이 된다. 이 경우 시장 조사 및 소비자 조사는 매우 중요한
비중을 차지한다. 품질에 관한 정의는 학자마다 다르게 정의하고
있다. 품질이란 제품의 유용성을 정하는 성질 또는 제품이 그 사용
목적을 수행하기 위하여 갖추고 있어야 할 성질이라고 하며, 여러
가지 품질특성의 집합에 의해 이루어진다고 했다. 품질이라 하면
흔히 제품의 품질에만 한정하여 생각하기 쉬우나 은행이나 호텔에
서 행하는 서비스의 질, 기업경영의 질도 넓은 의미에서 품질이라
고 할 수 있다(황의철, 1977).

3) 서비스 품질의 정의

PZB는 지각된 서비스 품질의 개념을 서비스의 우수성과 관련한
전반적인 판단이나 태도로 정의하고 있다. 또한 이들은 지각된 품
질은 소비자의 지각과 기대 사이의 차이의 방향과 정도로서 보인다
라고 말함으로써 지각된 품질을 기대와 성과의 개념에 연결시키고
있다. Cronin과 Taylor는 지각된 서비스 질이란 특성 서비스에 대한
장기적이며 전체적인 평가를 의미하는 태도로서 개념화되고 측정되
어야 한다고 지적하면서 서비스 질이 소비자 만족의 선행요인이라
고 하였다.

이들의 주장은 그 이전까지 가장 광범위하게 지지를 받아 왔던
PZB의 이론과는 다른 것으로서 여기에 대하여는 아직까지 논쟁이

계속되고 있다. PZB는 지각된 서비스 질이란 소비자의 기대와 지각 간의 불일치의 경험으로 그 서비스의 질에 대한 소비자 평가, 즉 지각된 서비스 질에 영향을 미친다고 보았다. 따라서 고객이 지각하는 특정 서비스의 질은 평가과정의 결과로서 고객은 서비스에 대한 자신의 기대된 서비스와 제공받은 서비스에 대한 지각된 서비스를 비교하여 이러한 과정의 결과가 바로 '지각된 서비스 질'이라는 것이다. 이처럼 서비스의 질을 기대된 서비스와 지각된 서비스의 차이에서 논리의 실마리를 찾고자 하는 주장은 Miller와 Gronroos 등에 의해 그 이전부터 제시되어 왔었다.

Gronroos는 서비스의 질이 자원과 활동의 함수라는 사실을 도외시한 채 그 자체를 하나의 변수로만 사용되었음을 지적하면서 서비스의 질은 기대된 서비스와 지각된 서비스에 의존하게 된다고 하였다. 한편 Zeithaml은 지각된 서비스 질의 개념을 '서비스의 전반적 우월성 또는 우수성에 대한 소비자의 평가'라고 정의하였다. 또한, Sherden은 서비스 질은 고객과 서비스제공자의 인간관계로 파악하였다.

그는 서비스 질은 서비스를 제공하는 서비스제공자의 서비스제공 행위 과정에서 그때그때 서비스의 질이 지각된다고 하였는데 이는 서비스 인카운터의 중요성을 강조한 것으로 해석할 수 있다.

위의 서비스 질에 대한 여러 가지 개념 정의 중 공통된 부분을 요약한다면, 서비스 질이란 객관적으로 또는 획일적으로 구명될 수 있는 성질이 아니라 고객에 의해 인식되고 판단되는 주관적인 평가라는 점이며 그 평가과정은 결과로 이루어지는 것이 아니라 서비스를 받는 전 과정에 걸쳐 이루어진다는 점이다.

2. 서비스 품질 측정 모형

서비스를 제공한 후 만족 여부를 파악하기 위해 측정이 필요하며 이를 위한 대표적인 측정이 SERVQUAL, SERVPERF, E-P 모형으로 마케팅 분야에서 개발되었으며 우리나라는 SERVQUAL 모형을 기초로 하여 2000년에 한국품질협회에서 모형을 만들었다.

1) SERVQUAL 모형

(1) SERVQUAL 1차 모형

서비스 품질 척도의 모형으로 국내·외에서 많이 이용하고 있는 SERVQUAL 모형은 1985년 서비스 품질의 다양한 측면에 대한 고객만족을 측정하기 위하여 파라슈라만, 자이말과 베리가 발표하였다. 그리고 다시 1988년에 이들은 1985년 연구에서 나타난 문제점을 보완하기 위하여 여러 번의 초점집단면접(focus group interview)[5]을 통하여 서비스 질의 구성요소 10개 차원인 유형성, 신뢰성, 대응성, 호의성, 예절성, 신용성, 안전성, 접근성, 전달성, 이해성을 이용하여 SERVQUAL이라는 척도를 개발하였다. 이 모형은 설문지를 통하여 응답자들이 특정기업의 어떠한 서비스 특성에 관한 그들의 기대를 몇 개의 차원을 통해 완성하게 하고 또한 그 기업의 동일한 특성에 대한 성과를 기록하게 한다. 이러한 측정을 통하여 성과와 기대에 대한 차이를 비교하게 되며 여기서 인지된 성과가 기대수준보다 낮다

---

5) 심층면접법(depth interview)의 변형으로 마케팅조사에 흔히 이용되는 기법으로 탐색적, 정성적 조사기법이다.

면 서비스 품질이 낮다는 것이고, 그 반대는 서비스 품질이 좋다는 것이다.

이들은 서비스의 질을 측정하기 위하여 97개의 항목을 개발하여 200명의 성인을 대상으로 측정한 결과를 분석한 다음 신뢰도 계수(cronbach's alpha)가 0.72 이하인 항목을 제거하여 53개 항목을 얻었다.

이들 53개 항목을 주성분 주축요인 분석(PCA)[6]을 통하여 다시 34개 항목으로 축소하였다. 이상의 SERVQUAL 모형을 요약하면 서비스 품질은 고객의 기대와 성과에 대한 지각 사이의 차이로 정의된다. 그리고 고객의 기대에 영향을 주는 중요변수는 구전 커뮤니케이션, 개인적 욕구, 과거의 경험, 외적 커뮤니케이션을 들 수 있다. 이러한 연구를 통해 나타난 서비스 평가 기준 내용은 신뢰성인 서비스 업무 수행의 일관성과 정확성(기업이 제시한 약속의 이행, 계산 및 기록의 정확성), 대응성인 서비스를 제공하는 종업원의 자발성과 준비성(서비스 즉시 제공, 고객에 대한 신속한 응답), 호의성인 서비스를 제공하는 데 필요한 기술이나 지식의 소유(대고객 접촉 요원이나 서비스 기업이 지니고 있어야 할 풍부한 기술 및 지식), 접근성인 서비스 기업에의 접근 가능성과 종업원에의 접촉 용이성(서비스 시설의 편리한 위치, 편리한 영업시간, 대기시간, 혼잡 여부 등), 예절성인 대고객 접촉요원의 친밀감, 공경, 배려, 호의(서비스요원의 말씨, 제반예절, 행동, 도덕 등), 전달성인 고객들이 인지할 수 있는 방법으로 서비스 정보를 전달하여 고객들에게 정보를 알리는 것(서비스의 제공방법, 서비스에 소요되는 이동, 문제점의

---

6) Pricipal Component Analysis의 약어이며 예측을 목적으로 최초의 정보를 가능한 한 최소의 요인으로 압축하고자 할 때 사용된다.

처리방법에 대한 설명), 신용성인 대상서비스 기업의 신용 및 정직, 기업의 평판이나 명성, 안전성인 위험이나 의심으로부터의 자유, 육체적, 정신적, 정치적 안전(물리적 안전, 재무적 안전, 기밀보장 등), 이해성인 고객의 요구를 이행하도록 노력(고객의 특별한 요구의 이행, 개별적 관심, 단골고객의 인적 등), 유형성인 서비스의 제공과정에 투입되고 유형적 증거(시설, 장비, 도구나 서류, 직원의 복장, 분위기) 등 10차원으로 구분하였다(PZB, 1985).

이러한 이론을 기초로 서비스 품질 10차원 모형을 [그림 1]로 정리할 수 있다.

[그림 1] 10차원 SERVQUAL 모형

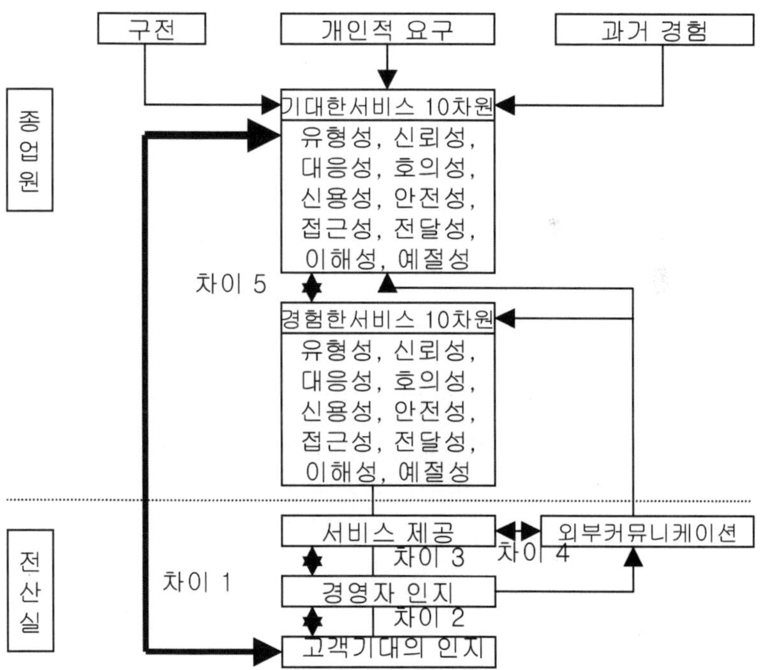

주: http://www.servqual.or.kr 근거로 연구자 정리

(2) SERVQUAL 2차 모형

변수들 간에 상관관계가 있음을 발견하고 이들은 5개의 광범위한 차원으로 통합하였고 그리고 차원은 변동이 없고 개발한 척도 문제점을 보완했다. 그 내용으로는 첫째, 부정문으로 질문한 항목이 가지고 있는 문제점과 해결책 22개의 척도 중 9개 항목이 부정문으로 질문 이것은 긍정문으로 질문한 항목보다 그 의미가 정확하지 않음으로 응답자들이 답하는 데 혼란하며 부정문이 가지는 문제점은 신뢰성 계수에 있어서 긍정문으로 물은 항목들에 비해서 떨어진다는 것이다. 결론적으로 모든 부정문을 긍정문으로 수정하였다.

둘째, 항목 자체의 문제점과 해결책 최신설비라는 의미를 현대설비로 수정하였으며 기대수준을 질문하는 모든 항목에 탁월한 회사라는 말을 첨가해서 고객의 기대수준이 어디에 있어야 하는지를 명확히 하였다. 셋째, 기업은 직원들이 그들의 업무를 잘 수행할 수 있도록 적절한 지원을 해야 한다를 우수한 회사의 직원들은 고객의 질문에 답할 수 있는 지식을 가지고 있다로 수정하였다. 이를 바탕으로 2차 표본 조사를 실시하여 최종적으로 22개 항목으로 구성된 척도를 개발하였다.

내용으로 보면 첫째, 유형성인 외적시설 및 설비 그리고 종업원의 용모 둘째, 신뢰성인 약속한 서비스를 정확하게 수행하는 능력 셋째, 응답성인 고객을 기꺼이 돕고 즉시 서비스를 제공하겠다는 마음가짐 넷째, 확실성인 정중한 예절 및 신뢰와 확신을 주는 직원들의 지식과 능력 다섯째, 공감성인 고객에게 제공하는 개인적인 관심과 주의의 5차원으로 구분하였다(PZB, 1988).

이러한 이론을 기초로 서비스 품질 5차원 모형을 [그림 2]로 정리할 수 있으며 SERVQUAL 모형에서 평가되는 서비스 품질의 결과는 고객이 기대하는 차원의 속성과 지각된 차원의 차이의 크기에 따라 서비스 품질의 좋고 나쁨을 판별할 수 있겠다.

[그림 2] 5 차원 SERVQUAL 모형

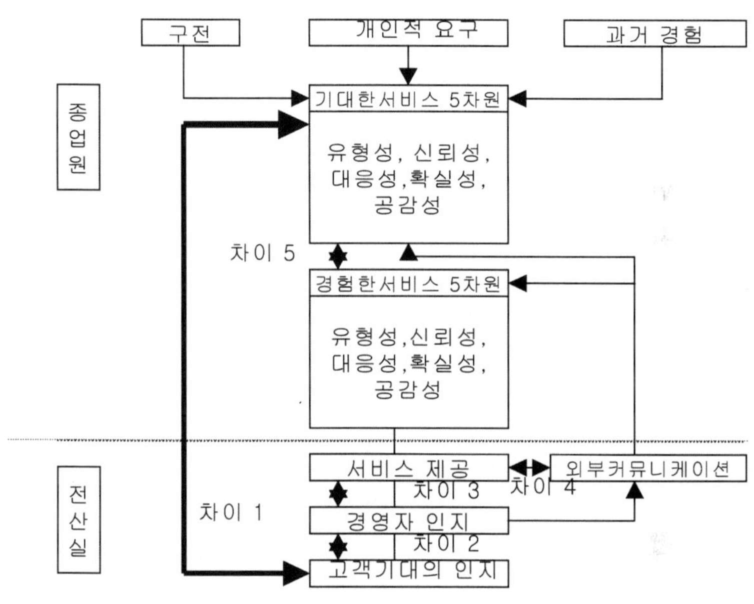

주: http://www.servqual.or.kr 근거로 연구자 정리

이렇게 개발된 척도로 은행, 신용카드회사, 보수 및 수리회사, 장거리 전화회사가 제공하는 서비스 질을 측정한 결과 신뢰성 결정계수는 0.52~0.84로 대체적으로 큰 문제가 없는 것으로 나타났다. 또한 여러 학자들에 의해 이 척도의 유용성이 증명되었다(Carman, 1990). 그러나 PZB가 1988년에 개발한 이 척도의 국내 적용성을 위한 일련의 논문에서는 그 유용성을 입증하지 못했다. 연구자들은

그 이유를 문화적 차이, 서비스 수준의 차이와 번역상의 어감 차이 등이라고 설명하고 있다(황영주, 1993).

2) SERVPERF 모형

서비스 품질을 서비스의 수행 결과에 기초해서 측정하고자 하는 시도는 크로닌과 테일러에 의해 정립되었다. 이들은 서비스 품질＝성과라는 공식을 수립하고 SERVPERF라고 명명함으로써 서비스 품질을 서비스의 성과로서 측정하고자 하는 노력들을 통합하면서 서비스 품질 측정의 대명사격인 SERVQUAL에 대한 비판을 시도하였다. 올리버는 소비자들은 기대에 대한 제품의 성과의 비교에 기초한 판단에서 "기대했던 것보다 더 낳다, 혹은 기대했던 것보다 못하다."라는 결정만 한다고 주장했다. 비록 개념적으로는 소비자들이 기대와 성과를 비교하여 그 차이를 산술적으로 계산할 수는 있지만 실제로는 그렇게 할 수 없다는 것이다.

왜냐하면 측정이 잘못되거나 노력이 많이 들어가야 하고 또한 대부분의 성과변수들이 양적인 것이 아니기 때문이다. 기대와 성과 자료가 유용한 상황에서는 소비자의 불일치를 산술평균을 이용하여 추론할 수 있다. Oliver 등은 요약 척도를 포함하는 여러 모델에서 이러한 추론적 척도의 변수들을 검사하였다. 그리고 이 요약 척도가 만족에 대한 추론적 척도의 영향을 매개한다는 것을 보여주었다. 이것은 산술적 합산이 아니라 고객의 기대가 행동을 결정하기 때문에 중요한 발견이라 할 수 있다.

따라서 PZB(1985,1988)가 그들의 포커스 인터뷰를 통해 명백해진 질적인 증거에 기초한 서비스 품질 평가에 대한 만족 패러다임의 일반화를 시도한 것은 서비스 품질과 고객만족 사이의 정의에 관한 문헌에서 나타나는 일반적인 모호성을 반영하고 있다. 서비스 품질 문헌에서 나타나는 이와 같은 모호성은 소비자나 경영자들이 서비스 품질과 고객 만족에 대한 이해에서 보여주는 모호성을 반영하는 것이다. SERVQUAL과 SERVPERF 척도는 서비스 품질을 측정하기 위한 도구로서 고안된 것이다. 즉, 하나의 시점에서의 장기 태도의 측정을 위한 것이다. 실제로 성과에 기초한 서비스 품질 측정에 대한 개념적 옹호는 이러한 구별에서 비롯되었다. 특히, 기존 문헌에 대한 검토는 서비스 품질과 고객 만족 사이의 기본적인 구별과 관련하여 명백한 조화를 나타낸다. 서비스 품질은 장기적인 태도이고 반면에 고객만족은 특정한 서비스 상황에서 나타나는 일시적인 판단이다. SERVPERF척도로 포괄되는 성과에 기초한 서비스 품질 측정은 서비스 기업의 고객들의 서비스 품질 지각에 대한 장기적인 지표를 제공할 수 있다. 즉, SERVPERF척도는 경영자에게 합계된 전반적인 서비스 품질 점수를 제공할 수 있다. 그리고 이 점수는 시간과 특정 고객 집단별로 산포도를 알아볼 수도 있다. 이와 같이 SERVPERF척도는 서비스 경영자가 고객의 전반적인 서비스 품질에 대한 태도를 알아보는 데 유용한 수단을 제공한다. 하지만 서비스 기업의 경영자가 SERVPERF척도를 사용하여 얻어진 자료로부터 특정 상황에 대한 정보를 얻기 위해서는 많은 주의가 필요하다.

특히 서비스 품질 척도는 서비스 산업별로 다양하고 명백한 요인 구조를 가진다. 따라서 특정 산업에서 서비스 품질에 대한 측정을 수행할 때는 세심한 수정과정이 필요하다. 서비스 산업 간에 차이를 나타내는 SERVQUAL척도에 비해 SERVPERF척도는 보다 안

정적인 값을 가진다. 서비스 품질을 태도와 유사한 것으로 조작적
정의가 내려진다면 서비스 품질의 측정도구가 태도에 근거한 조작
적 정의와 일치하기 위해서는 더 많은 탐구가 필요하다. 이를 위해
크로닌과 테일러(1992)는 여러 가지 태도 모델을 검토하였다.

여기서 연구의 목적이 행위의도나 행위를 예측하기 위한 것이라
면 충분성-중요도 모델이 가장 효과적임을 밝혀냈다. 이 모델에서
개별 태도는 제품이나 서비스의 개별 차원에 대한 성과의 중요도를
가중한 평가로 정의된다. 또한 실험적 결과는 오직 성과 변수가 행
위의도나 행위를 예측하고 있음을 나타내 주었다. 따라서 서비스
품질의 측정수단으로는 오직 성과에 대한 지각을 사용하는 것이 타
당하다고 이들은 주장하였다.

3) 성과 모형

Teas(1993)는 SERVQUAL에 대해 문제점을 지적하며 보다 개선
된 서비스 품질 측정 모형을 제시하였다. 그에 의해 제기된 이슈는
다음과 같은 세 가지 주제로 요약될 수 있는데 첫째, 기대표준의
해석 둘째, 표준의 작동화 셋째, 서비스 품질구조를 취급하는 대체
적인 모델의 평가이다.

티스에 의해 제기된 가장 핵심적인 이슈는 SERVQUAL에 의해
유도된 P-E구조의 의미에 대한 기대척도의 해석에 있어서의 충돌이
다. 특히 개념적 그리고 수학적 논증을 통해 티스는 SERVQUAL구
조가 암시하고 있는 것처럼 P-E 점수의 증가가 반드시 지각된 품질
수준의 증가를 반영하지는 않는다고 결론짓고 있다.

SERVQUAL 모형은 각 속성에 대해서 수행과 기대의 차이가 증

가함에 따라 지각된 서비스 품질이 증가한다고 주장한다. 이러한 P-E 서비스 차이의 개념이 만족 모형에서의 불일치된 기대와는 다르다는 것을 언급하는 것은 중요하다. 첫째, P-E 개념은 기준과는 비교를 나타낸다. 즉, 이것은 예견된 서비스와 제공된 서비스 사이의 차이를 나타내지는 않는다. 기준을 초과하는 것은 높은 품질이 제공되었다는 것을 의미하고 기준에서 떨어지는 것은 낮은 품질이 제공되었다는 것을 의미한다. 이와 같이 PZB는 P-E모델을 고전적 이상점 모델과 유사하다고 주장하지만 그들의 SERVQUAL 모델에서는 비교의 기준으로 기대를 채택하여 성과가 기대를 초과할 때 품질이 증가한다. 하지만 고전적 이상점 모델에서는 성과가 이상점을 넘어설 때 지각된 품질이 증가한다. 이런 점에서 두 모델은 차이가 있다. 둘째, P-E 모델은 예측 모형이 아니다. 즉, 이것은 단지 지각된 품질에 대한 측정일 뿐이다. 따라서 미래의 의사결정에 대한 고려가 생략되어 있다. 셋째, PZB는 기대와 수행을 측정하기 위해 22개의 질문 항목을 개발하였지만 이 항목들은 그 표현에서 다소 중복되고 모호하며 기대와 수행에 대한 차별적 측정이 어렵다. 이와 같이 티스는 SERVQUAL에 대한 비판을 실시하고 그에 대한 대안으로 평가된 성과 모형(Evaluated Performance: EP)을 제시하였다.

Monroe & Krishnan(1985)은 지각된 제품품질을 유용한 대체안들과 비교하여 만족을 제공하는 제품의 인지된 가능성이라고 정의하고 있다. 이러한 정의와 가정에 기초하여 상품(제품이나 서비스)이 만족을 줄 수 있는 지각된 가능성은 전통적 태도 모델의 이상점으로 개념 될 수 있는 고객이 인식하는 제품의 이상적 모습과 일치한다고 할 수 있다. 티스는 그의 실증연구를 통해 서비스 품질을 측정하는 여러 가지 모델들에 대한 타당성을 검증하였다. 여기서 그는 SERVQUAL 모델, 가중된 SERVQUAL 모델, 기준품질 모델, 성과 모델에 관해 실증하였다. 상관계수와 구조적 타당성에 기초하여 그는 그의 E-P모델이 가장 우수하다고 결론지었다.

4) 한국품질표준협회 모형

2000년 6월에 발표한 한국표준협회 서비스 품질 측정 항목은 한국표준협회와 서울대학교 경영연구소가 우리나라 서비스 산업과 고객 특성을 반영하여 공동 개발한 서비스 산업 전반의 품질에 대한 소비자의 만족 정도를 나타내는 종합 지표이다. 내용을 보면 평가항목을 성과와 과정으로 구분하였으며 성과에 대한 평가항목에는 양질의 서비스제공을 통하여 고객이 서비스를 통하여 얻고자 하는 기본적인 욕구 충족인 본원적 욕구충족, 고객이 예상치 못했던 혜택으로 감동시키는 부가적 서비스제공 예상외 혜택, 약속된 서비스를 정확하게 수행성 약속이행, 독창적인 서비스 개발을 통하여 타사 대비 차별적인 서비스, 급변하는 환경에 능동적으로 대처함으로써 진부화되지 않는 혁신적인 서비스 수행, 창의적 서비스과정으로는 고객을 돕고 즉각적인 서비스를 제공하려는 의지, 예의바름, 종업원의 친절과 공손함. 고객과 그들의 욕구를 알리려는 노력, 고객이 이해하기 쉽게 설명, 개별적인 주의를 기울임 등인 고객응대, 서비스 재검자의 진실성, 정직성, 정확한 기록, 위험·의심으로부터의 자유, 서비스를 수행하는 데 필요한 기술과 지식의 소유인 신뢰감, 접근 가능성과 쉬운 접촉접근용이, 서비스 평가를 위한 외형적 단서 물리적 환경 등 8개의 항목으로 구분하고 있다(http://www.servqual.or.kr, 2000).

한국품질협회에서는 연구 모형을 가능한 모든 서비스 산업의 품질수준을 매년 정기적으로 조사·발표하는 국가 및 전 산업의 통일된 절차로써 서비스 품질 향상을 통한 국가의 경쟁력 제고와 삶의 질 향상으로 국민의 행복을 추구하기 위해서 개발되었다. 개발 척도 기초 자료는 SERVQUAL 모형의 차이 모형을 적용하였고 서비스 품질을 반복 측정함으로써 일정 기간 동안 고객의 기대수준이나 기업의 서비스 수행에 대한 평가의 추이 파악하여 자사와 경쟁사 간의 서비스 품질을 비교 및 벤치마킹을 한 후 SERVQUAL 점수를 토대로 고객들의 서비스 품질 지각수준에 따라 고객 세분화를 위한 자료로 활용하도록 하였다.

3. 정보시스템의 성과측정

정보시스템의 성과측정에는 여러 가지 방법이 있을 수 있으나 실제로 정보시스템에 투입된 원가와 정보시스템 활용으로 생기는 편익을 대비하여 성과를 측정하는 방법이 가장 좋은 방법이다(Bruwer, 1984). 이 방법은 1980년대 장치나 시스템의 중심인 메인프레임 정보시스템 환경이 고가의 장비를 도입 전산 전문요원을 통하여 정보시스템을 구축한 후 회사의 경영자 내지 관리자의 의사결정을 지원하기 위해 활용하기 때문에 이와 같은 비용 - 편익 분석 방법에서 편익을 측정하기란 용이하지 않았다.

더욱이 1990년대가 접어들면서 정보 기술의 발전으로 저가의 퍼스널컴퓨터의 보급과 네트워크의 발달은 1인 1대의 사용자 위주의 컴퓨터 이용 정보화 시대가 되었다. 따라서 이에 따른 정보시스템의 성과측정 방법도 변할 수밖에 없어 많은 연구에서 정보시스템의 성과측정을 위해서 그 측정변수로 여러 가지 대리변수를 사용하여 수행하고 있다.

본 연구에서는 정보시스템 성과측정 영향요인을 메인프레임 시대와 퍼스널컴퓨터 시대로 분류하여 성과측정 요인에 대하여 고찰하였다. 이유는 80년대와 90년대에 정보시스템의 성과측정 요인이 어떻게 변하고 있는지를 보고자함이며 이 연구에서 연구대상이 되는 정보시스템 서비스 품질의 중요성을 알아보기 위해서이다.

1) 1980년대 정보시스템의 성과측정

일반적으로 정보시스템 성과측정의 목적은 투자에 대비해서 얼마나 많은 효과를 성공적으로 수행하느냐에 있다. 정보시스템의 성과에 미치는 영향요인에 대해서 선행연구를 검토하면 아주 다양한 영향요인들이 있음을 알 수 있다. 다음에서 정보시스템의 성과에 미치는 영향요인에 대한 선행연구를 검토한다. Lucas(1975)는 정보시스템의 연구를 행위적 문제를 중시하고 행한 실증연구에서 정보시스템의 성공에 영향을 미치는 요인으로 사용자의 태도와 인식, 경영층의 지원, 시스템의 질, 의사결정 형태, 인적 및 상황적 요인 등을 들고 있으며 또한, 시스템의 질과 경영층의 지원이 사용자의 태도에 영향을 주는 요인으로 파악하고 있다. Bruwer(1984)는 시스템의 성공에 영향을 주는 요인은 다양할 것이라는 가정하에 실증적 연구를 수행하였다. 그는 정보시스템의 성공을 사용자의 정보만족을 기준으로 하여 정보시스템의 성공은 사용자의 태도, 시스템의 질, 최고 경영층의 지원, 참여 및 훈련, 인적요인 및 전산요원의 태도 등의 함수이며, 사용자의 태도는 인적요인, 시스템의 질, 최고경영층의 지원, 참여 및 훈련 등의 함수라고 보았다.

Danders & Courtney(1985)는 의사결정지원시스템의 성공에 미치는 영향에 대한 현장연구에서 의사결정 내용(과업의 참신성, 곤란도, 다양성)과 과업의 상호 관련성(업무의 타 부서와 관련성), 과업의 제약 조건(과업의 표준화, 권한 정도) 등과 의사결정전략 성공과의 상관관계를 검증하였다.

Montazemi(1988)는 조직의 특성으로 조직 내의 현행 시스템 분석가 수, 정보 요구사항 분석의 정도, 참가 정도 그리고 사용자 만족 사이의 관련성에 대해 연구하였다. 디론과 맥린(1992)은 1981년에서 1987년 사이에 발표한 정보시스템 성공에 대해서 연구한 논문 180편을 분석하면서 정보시스템 성공과 관련된 변수를 시스템의 질, 정보의 질, 사용 빈도, 사용자 만족, 개인에의 영향, 조직에의 영향 등 6가지로 분류하고 있다. 그리고 정보시스템과 경영자가 성공적인 상호작용 문제는 사용자 만족의 입장에서 측정될 수 있다고 한다. 많은 정보시스템 연구자들은 자신의 경험적 정보시스템 연구에서 평가척도로서 사용자 만족을 제시하고 있고, 특히 특정 정보시스템에 대해서 성과를 측정할 때 사용자 만족이 더 적당하다는 것을 발견했다(Hamiliton & Chervancy, 1981). 또한 Tait & Vessey(1988)도 성공의 척도로서 사용자 만족 변수를 추천하고 있다. 디론과 맥린은 그 이유를 다음과 같이 설명하고 있다.

첫째, 만족이란 표면타당도가 굉장히 높다는 점이다. 즉 사용자가 만족하는 시스템이 성공한 것이란 점을 부인할 수 없기 때문이다.

둘째, Bailey & Pearson(1989)이 개발한 측정도구와 자신이 개량한 측정도구가 만족을 측정하거나, 다른 연구와 비교하는 데 신뢰성이 있다는 점이다. 셋째, 많은 연구에서 성공의 척도로써 만족을 사용하는 것은 대부분의 다른 척도가 그렇게 좋지 못할 뿐만 아니라 개념적으로 약점이 있으며, 경험적으로 획득하기 어렵기 때문이라고 한다.

따라서 메인프레임 시대의 정보시스템 성과측정 요인은 디론과 맥린이 조사한 시스템 질, 정보의 질, 사용빈도, 사용자 만족, 개인에의 영향, 조직에의 영향 등 6가지로 요약할 수 있다.

2) 1990년대 정보시스템의 성과측정

90년대에 접어들면서 퍼스널컴퓨터의 보급으로 전산전문요원에 의해서만 필요한 정보를 접하던 환경이 사용자가 직접 필요한 정보를 수집하고 활용하게 되었다.

이러한 정보시스템 환경에 의해 정보시스템 성과측정의 영향요인도 변하게 되었는데 Igbaria(1990)는 기존 연구 분석을 통하여 정보시스템 성공에 영향을 주는 변수로 3가지를 들고 있다. 즉 개인의 특성(나이, 성, 지위, 교육 수준, 전산 교육, 컴퓨터 사용 경험)과 신념(컴퓨터 불안감, 사용자의 태도), 과업특성(과업구조, 과업의 다양성), 조직특성(조직의 지원)을 변수로 하여 실증연구를 행하였다.

또한 Igbaria & Nachman(1990)은 정보시스템 관리자의 리더십 스타일과 사용자 만족과 관련성, 하드웨어와 소프트웨어의 접근 용이성 및 이용 가능성, EUC(End User Computing)에 대한 사용자의 태도, 시스템 유용성 등과 사용자 만족과의 관련성, 컴퓨터에 대한 불안과 사용자 연령과 사용자 만족과의 관련성에 대해서 연구를 수행하였다. Lawtence & Low(1993)는 사용자 주도의 정보시스템 개발에 있어서 사용자 만족에 미치는 영향요인에 대한 연구에서 사용자 만족에 영향을 주는 요인으로 정보시스템 개발에 참여하는 사용자 대표의 능력과 기타 태도요인으로 최고 경영층의 지원, 시스템에 대한 기대, 컴퓨터 시스템에 대한 사전 경험 등에 의해 연구를 수행하였다.

특히 Iivari & Ervasti(1994)는 사용자의 정보 만족은 정보시스템의 성공적인 실행에 대한 예측자로서 그리고 정보시스템의 효과성 측정의 척도로서 적절하다는 것을 실증적으로 증명하고 있다. 사실 정보시스템에 성과측정 변수들의 측정치가 높은 결과가 나왔다면 이는 그 정보시스템을 사용하는 사용자의 만족 역시 높을 것임이 분명하고, 사용자 만족이 높다면 정보시스템 성과측정치도 높게 나올 것이다. 그래서 사용자 만족 및 사용자 정보 만족이 정보시스템 성과측정의 유일한 척도로서 가장 많이 이용하고 있다.

따라서 퍼스널컴퓨터 시대의 정보시스템 성과측정 요인은 사용자 만족을 강조하고 있으며 이러한 연구는 퍼스널컴퓨터의 보급과 네트워크의 발전으로 정보시스템의 성과측정 도구로서 사용자 만족을 위한 서비스 전달자로서의 역할이 대두되었고 피터와 왓슨(1995, 1997, 1998)은 디론과 맥린(1992)의 정보시스템 성공과 관련된 변수에 서비스 질이 포함되어야 한다고 제의하였다.

연구자들은 정보시스템 성공요인으로 서비스 품질이 필요하며 서비스 품질의 측정은 파라슈라만 외 2인이 개발한 SERVQUAL 모형을 적용하여 측정 할 수 있다고 하였다. 전체적으로 보면 정보시스템의 성과에 직접 및 간접적으로 영향을 주는 변수는 상당히 많은데, 대다수 연구에서 정보시스템에 대한 사용자의 태도는 다른 변수와 함께 성과에 직접적으로 영향을 주는 요인으로 그리고 이 태도는 다른 여러 요인으로부터 영향을 받고 있음을 알 수 있으나 서비스 질에 대한 연구는 최근에 진행되었음을 알 수 있다.

따라서 본 연구에서는 피터와 왓슨(1995, 1997, 1998)이 행한 연구를 기초로 하여 호텔정보시스템 서비스 품질을 측정하기 위한 모형을 개발하고자 한다.

4. 정보시스템 서비스의 품질 평가

1) 정보시스템 조직의 역할

경영조직은 경영자가 계획을 수립하고 이를 수행해 나가는 과정에서 경영활동을 뒷받침해 주는 역할을 담당한다. 경영조직에서도 경영목표와 전략을 지원하기 위해서 컴퓨터와 관련된 정보자원을 관리하고 운영하는 조직을 정보시스템 조직이라 한다. 정보와 정보기술이 중요한 자원으로 활용됨에 따라 이들을 관리하는 조직 또한 중요하게 인식되고 있다.

조직 속의 정보시스템 부서는 정보시스템의 개발자 및 운영자 외에 광범위한 역할을 해야 하는데 그 이유는 퍼스널컴퓨터의 보급이 정보시스템 부서와 더욱더 긴밀하게 관계를 맺게 해주었다(Pitt & Watson, 1995). 정보시스템 조직의 특성을 시스템전문가로 구성된 스텝집단, 이질적인 문화, 지원 부서이면서도 전략 부서로 구분하고 있다(김세중, 1998). 정보시스템 부문의 전체 조직상의 위치는 최고 경영층이 담당하여야 할 중요한 의사결정 문제의 하나이다. 초기에는 재무나 회계부문의 하위조직으로 두어 콘트롤러나 재무담당 중역에게 보고하는 관행을 보여 왔다.

그러나 조직구조 체계상 정보시스템 부서의 위치를 어디에 두어야 할 것이냐 하는 문제는 여러 대안이 있을 수 있겠으나 각 조직의 형편에 따라 가장 효율적이고 경제적인 대안을 선택하면 될 것이다. 또한 정보시스템 부서장이 누구에게 보고할 것인가는 최고경영층이 정보시스템 기능에 대한 관심을 나타내므로 정보시스템 기능의 보고 계통은 그것이 정보시스템 기능의 초점을 반영하기 때문에 중요한 것이다. 본 연구에서 서울에 위치한 특급 호텔의 조직을 조사해 본 결과 순수한 체인 호텔로 경영하면서 운영되는 호텔은 정보시스템 전산센터로부터 시스템 계획 및 구축 그리고 유지보수 방법까지도 도움을 받아 운영됨으로 정보시스템 조직의 규모가 작았고[7] 비록 체인호텔 형태로 운영될지라도 호텔업 외 다른 사업체를 운영하는 호텔은 정보시스템 조직의 규모가 컸다[8].

2) 정보시스템 서비스 품질 측정 연구

초창기 정보시스템에 대한 관심은 정보 시스템을 성공적으로 구축한 후 평가하는 성과 요인이 무엇인가에 초점을 맞추었고 그에 대한 연구도 진행되었다(DeLone and McLean, 1992). 그것은 정보시스템을 하나의 "product", "production"으로만 생각는 관점에서 시작 되었다.

정보시스템이 메인프레임 시대였을 때인 1980년도 초의 환경이라면 서비스 품질을 거론하기보다는 시스템 구축 성공에 초점을 맞추

---

7) 하얏트그랜서울, 서울힐튼, 스위스그랜드, 인터컨티넨탈그랜드, 아셈인터컨티넨탈, 리츠칼튼, 르네상스서울.
8) 신라호텔, 웨스틴조선호텔, 래디슨프라자호텔, 쉐라톤워커힐, 롯데호텔.

는 것은 당연한 일이라 하겠다. 오늘날 퍼스널 컴퓨터의 보급과 네트워크를 이용한 시스템 운영은 정보시스템 부서가 단지 제품을 제공하는 제공자가 아니라 서비스까지 제공하는 중요한 기능을 가지게 되었다. 오늘날 정보시스템 역할은 사용자에게 만족스러운 서비스를 제공하는 것은 당연하고 정보시스템 부서에 대한 사용자의 만족도를 측정함으로서 서비스 품질을 개선해야 한다. 피터와 왓슨은 정보시스템 서비스 품질을 측정하기 위하여 마케팅 분야에서 개발된 서비스 품질 측정 모델인 SERVQUAL 모형을 정보시스템 서비스 품질에 적용 가능 여부를 결정하는 연구를 시작하였고 Dyke(1997)에 의해 제시되었던 SERVQUAL 모형을 이용해서 도출된 정보시스템 서비스 품질 측정 항목의 타당성 여부에 대하여 파라슈라만의 의견서를 제시하면서 SERVQUAL 모형이 정보시스템 서비스 품질 측정 모형으로 적합하다고 하는 연구가 계속 되었다(Pitt & Watson, 1997). 또한 그들은 1995년에 개발된 정보시스템 서비스 품질 척도 모형의 타당성을 입증하기 위하여 컨설팅회사와 정보서비스업체를 대상으로 세 번에 걸쳐서 서비스 품질을 측정함으로써 SERVQUAL 모형을 적용한 정보시스템 서비스 품질 측정의 타당성과 신뢰성을 보여주었다(Pitt & Watson, 1998).

피터와 왓슨이 SERVQUAL 5차원 22개 속성을 기대도와 지각도로 구분하여 정보시스템 서비스 품질 측정에 적용한 내용은 〈표 1〉과 같으며 1995, 1997, 1998년도에 연구한 내용을 정리하면 〈표 2〉와 같다.

〈표 1〉 정보시스템 서비스 품질 측정 속성

5 차원	서비스 품질 속성
유형성	- 최신의 하드웨어와 소프트웨어 - 시각적으로 보기 좋은 정보시스템 시설 - 전산직원들의 단정한 용모와 복장 - 업무에 필요한 기자재 준비
신뢰성	- 사용자와의 시간약속 - 문제해결을 위한 성심성의 - 믿을 수 있는 서비스 - 약속한 시간에 서비스제공 - 실수 없는 업무진행 - 서비스제공에 대한 시간 통보
응답성	- 신속한 서비스제공 - 항상 능동적인 도움 - 질문에 성실하게 답변 - 문제점 해결 후 원인과 해결방법 설명
확실성	- 사용자가 안정감을 느끼게 일함 - 예의바르고 공손 - 정확한 업무 파악
공감성	- 개인적인 관심을 가지고 행동 - 업무시간에 편리하게 운영 - 개인적인 관심과 애정 소유 - 사용자의 이익을 최우선 - 사용자가 필요한 내용 이해

주: Pitt, Leyland F.; Watson, Richard T.(1995), "Service Quality: A Measure of Information Systems Effectiveness", MIS Quarterly, Vol.19 Issue 2, p.173. 연구자 작성.

위 내용 중 SERVQUAL 모형 22개의 속성 중 정보시스템 품질 속성으로 전환하기 위해서 속성 하나를 재정리했는데 즉, "up-to-date equipment"에서 "up-to-date hardware and software"이다.

〈표 2〉 Pitt와 Watson의 연구 내용

연도 \ 내용	연구 내용
1995	정보시스템의 기능 중 서비스 전달의 중요성을 강조하고 서비스 질의 측정을 마케팅 분야에서 개발된 SERVQUAL 모형을 3개국에 있는 다른 형태의 업체에 적용하여 내용타당성(content validity), 신뢰성(reliability), 집중타당성(convergent validity), 이해타당성(nomological validity), 판별타당성(discriminant validity)으로 평가한 후 SERVQUAL 모형이 정보시스템 서비스 질을 측정하는 데 적당하다는 결론을 내렸다.
1997	1997년 (Von Dyke et al.)이 제시한 정보시스템 서비스 품질 측정 설문에 대한 반박에 대해서 SERVQUAL개발자인 PZB의 반박자료와 증거를 제시하여 SERVQUAL 모형이 정보시스템 서비스 질 측정에 타당하다고 설명하였다.
1998	1995년에 개발된 정보시스템 서비스 질 측정 SERVQUAL을 적용하여 미국의 정보 관리 컨설팅회사와 정보서비스사업체를 대상으로 서비스 질을 향상시키는 행동을 정보시스템 서비스 전달측면에서 3단계로 구분 즉, 전략적인 단계, 전술적인 단계, 운영적인 단계로 구분하였다.

주: Pitt, Leyland F.; Watson, Richard T.(1995), "Service Quality: A Measure of Information Systems Effectiveness", MIS Quarterly, Jun 95, Vol.19 Issue 2, p.173.

__________________________(1997), "Measuring Information Systems Service Quality: Concerns for a Complete Canvas", MIS Quarterly, Jun 97, Vol.21 Issue 2, p.209.

__________________________(1997), "Measuring Information Systems Service Quality: Lessons from two Longitudinal Case Studies", MIS Quarterly, Mar. 98, Vol.22 Issue 1, p.61. 자료로 하여 연구자 작성.

3) 정보시스템 서비스 품질 측정 방법

오늘날 정보시스템의 효율 중 서비스 요소를 중요하게 생각하지만 아직도 정보시스템 기능을 서비스보다는 흔히 정보시스템 효율을 제품으로 측정하곤 한다.

만약 정보시스템 연구자들이 패키지 평가 시 정보시스템 서비스 품질을 포함하지 않는다면 이제는 정보시스템 효율을 잘못 측정하는 위험이 따를 것이다.

마케팅 영역에서 개발된 도구인 SERVQUAL은 정보시스템 서비스 품질 측정을 가능하게끔 하였다. SERVQUAL은 유형성, 신뢰성, 응답성, 확실성, 공감성의 서비스 차원으로 측정하며 Pitt와 Watson에 의해 조사된 정보시스템 분야에 있어서 SERVQUAL의 적합성은 세 개의 국가를 대상으로 세 개의 다른 조직으로 측정되었으며 이 연구를 통하여 SERVQUAL 모형의 정보시스템 서비스 품질 측정 구성항목의 타당성을 내용타당성(content validity), 신뢰성(reliability), 집중타당성(convergent validity), 이해타당성(nomological validity), 판별타당성(discriminant validity)으로 분석한 후 SERVQUAL이 정보시스템 서비스 품질의 측정 도구로 이용하는 데 적당하다고 결론을 내렸다.

(1) 정보시스템 효율성 측정방법

정보시스템 효율은 다중차원 구조이지 하나의 차원은 아니다. 정보시스템 성공의 측정을 위해서는 다중차원 구조이상으로 이용한다(DeLone and McLean, 1992). 사용자가 요구하는 다중 차원 측정을 디론과 맥린은 측정이 가능한 6가지 요인으로 분류했는데 이 요인은 정보시스템 성과측정 시 정보시스템 성공모델과 연결되어 사용되고 있다. 디론과 맥린이 제시한 성공요인 기초는 Shannon & Weaver(1949)의 커뮤니케이션의 이론으로 제품에서 유래되었다. 예를 들면, 시스템 품질은 정보처리시스템의 성과측정으로 구사된다. 이 요인에서 측정되는 것은 대부분 엔지니어링인데 성과측정 성격에서 유래되었다. 또한 정보품질은 정보시스템 출력의 측정에서 나타난다. 이 영역에서 전형적인 측정은 명확성, 예측성, 현실성, 그리고 제공되는 정보의 신뢰성이다. 보다 이전에 연구된 커뮤니케이션이론에 바탕을 둔 이 범주들은 각각 상품과 제품으로 명명되었다. 1980년 초 정보시스템이 메인프레임 시대일 때 시스템과 정보품질이 정보시스템 성공의 척도로 예시되었다.

앞에서 지적하듯이 정보시스템 부서는 단지 제품을 제공하는 제공자가 아니다. 서비스제공자이며 이것은 중요한 기능이다. 이 인식은 명백히 몇 년 동안 연구되어 사용자의 인식에 따라 정보시스템 부서의 서비스 품질은 정보시스템 성공의 주요한 인식도이다.

사용자 만족을 측정하는 정보시스템 부서의 주요한 목적은 그들이 제공하는 서비스의 품질을 개선하기 위한 것이다. 비록 서비스 회사보다 서비스 사업이 적다 하더라도 제품과 시스템 공급자는 있으며 눈에 보이지 않는 속성들을 제품의 속성으로 포함한다. 예를 들어 소비자들이 눈에 보이는 상품인 자동차를 구입한다면 서비스(운반)도 동시에 구입한다고 슈스택은 평가했다. 많은 경우에도 제품은 단지 접근하는 서비스를 의미한다. 퍼스널컴퓨터 사용자는 단지 기계만 원하지 않는다. 오히려 그들은 퍼스널컴퓨터의 요구에 만족하는 시스템을 찾는다.

즉, 정보시스템 부서는 설치도움, 제품지식, 소프트웨어 교육 지원을 공급하는 능력 그리고 정보시스템과 사용자 사이에 유대 관계를 가지는 효과인 실시간 지원을 제공하는 공급처이다. 제품과 서비스는 대체로 구분되지 않는다. 단지 눈에 보이는 스펙트럼에 있어서 순수한 제품의 범위에서 서비스제공까지 포함하는 다소 복합적인 면이 있다. 현재 정보시스템은 제품과 시스템 질 및 스펙트럼의 눈에 보이는 목적에 초점을 맞추어 성공을 평가한다. 우리는 다른 스펙트럼의 목적에서 서비스 품질은 정보시스템 성공을 평가하는 데 필요하다고 생각한다. 디론과 멕린의 모형은 정보시스템 부서의 서비스 역할을 반영하는 데 필요하다.

정보시스템 서비스 품질을 위한 분석에는 두 가지 기능을 가진 체제가 있다. 정보시스템 서비스를 제공하는 정보시스템 부서와 서비스 측정 수단으로 사용되는 정보시스템이다. 영업사원이 전화주문을 하는 예와 같이 어떤 시스템과 상호 작용하는 지배적인 사용자가 있는 경우 사용자의 서비스 품질에 대한 인상은 어떤 특정한 시스템에 거의 배타적으로 기초로 한다. 이 경우에 분석체제는 정보시스템이다. 인사관리자가 인사관리시스템, 전자메일, 그리고 다양한 퍼스널컴퓨터시스템을 사용하는 상황의 분석체제에서는 시스템 또는 정보시스템 부서를 분석할 수 있다. 예를 들면 사용자가 퍼스널컴퓨터를 수리하는 어려움이 있다는 것은 사용자 부서에서는 서비스가 나쁘다와는 관계가 없으나 일반적으로 정보시스템 부서에서는 나쁜 서비스를 제공한다고 할 수 있다.

시스템 품질과 정보 품질은 특별한 소프트웨어 제품에는 매우 근접하게 관계가 있으나 서비스 질과 관계가 있는 것은 아니다.

아직까지 시간이 지나도 정보시스템 기능에 대한 중요한 현상은 서비스 품질을 무시한다는 것이다. 만약 정보시스템 연구자가 서비스 품질을 무시한다면 전반적인 정보시스템 효율성을 이해하는 데 불명확성을 얻을 것이다. 따라서 정보시스템 서비스 품질은 정보시스템 효율성을 측정하는 데 주요한 과제이다.

제2절 호텔서비스업의 특성과 품질

1. 호텔서비스업 및 호텔서비스 특성

1) 호텔서비스업의 특성

호텔서비스는 앞에서 고찰한 마케팅 분야 서비스에서 시작되며 호텔서비스업의 개념은 첫째, 호텔서비스업은 운영에 있어서 도덕적으로 비난의 여지가 없는 숙박과 식사시설을 제공하여야 한다. 둘째, 고객과 기업주와의 숙박계약은 단기적이어야 한다. 셋째, 호텔서비스업에서의 명백한 기업분류와 식사업을 제시해야 한다. 넷째, 호텔의 부대사업은 숙박업인 호텔의 특성을 침해해서는 안 된다. 다섯째, 건축물 등의 시설은 일반적인 요구조건과 일치되어야 하는데 특히 화재 안전성, 건강위생, 기술적 측면에서 일치한다. 여섯째, 다음과 같은 기준으로 시설을 갖추어야 한다(오정환, 1989). 한편 김충호는 호텔은 일정한 지불능력이 있는 사람에게 객실과 식사를 제공할 수 있는 시설을 갖추고 잘 훈련되고 예절바른 종사원이 조직적으로 봉사하여 그 대가를 받는 기업이라고 정의하고 있다(김충호, 1980).

호텔은 날로 복잡화·대형화되면서 제공하는 서비스의 형태도 고객의 선택과정에 적합하도록 다각적인 영업을 전개하고 있다. 호텔이 숙박과 식사의 제공에서 탈피하여 근래에는 시민생활의 사교, 휴식, 오락, 복리후생 시설과 관련한 서비스를 제공하고 있는 실정이다. 호텔서비스업의 측면에서는 숙박위주보다도 다양하게 즐길 수 있는 장소를 제공하면서 오히려 숙박이외의 부대시설을 다양하게 활용 할 수 있는 서비스를 제공함으로써 이익의 극대화를 도모하고 있다. 매우 다양한 서비스를 제공하고 있는 호텔은 현대인의 요구에 부응하는 사회적·문화적인 역할자로서 공익적인 서비스공간을 제공하는 사업체라고 할 수 있다(강남국, 1992). 따라서 오늘날의 호텔은 하나의 기업으로서 단순하게 숙박과 음식과 관련한 서비스를 제공하는 시설로만 이해해서는 안 된다.

2) 호텔서비스 특성

호텔서비스의 특성을 고찰하면 서비스 마케팅과 관련한 많은 문헌들이 다음의 세 가지 가정들을 전제로 하고 있다(Lovelock, 1983). 첫째, 서비스는 유형제품과는 달리 무형성, 생산과 소비의 비분리성, 이질성 그리고 소멸성 등의 독특한 특징을 가지고 있다는 점이다. 둘째, 그러한 서비스의 특징들이 서비스 마케터들에게 제품 마케터들은 직면하고 있지 않은 성가신 문제들을 부여하고 있다. 셋째, 따라서 서비스 마케팅 문제들은 서비스 마케팅 해결방안을 요구하는 것으로서 제품 마케터의 경험을 통해 개발된 전략들은 불충분하다는 점이다.

한편 호텔상품과 관련하여 호텔서비스의 특징적인 속성을 일시적 상품, 무형성, 짧은 판매경로, 소비와 생산의 구분불가, 다양한 상품, 불명확한 표준, 수요의 변동, 신뢰성, 직접접촉을 들고 있다(Barring & Olson, 1987). 위와 같은 호텔서비스의 특성에 따라 호텔서비스 질 속성이 파악될 수 있는데 첫째, 서비스는 무형적이기 때문에 이미지가 품질의 속성이 된다. 호텔에 대한 이미지를 활용하여 고객의 기대정도를 정하게 되고 따라서 만족도와 관계가 있다. 둘째, 서비스제공내용과 방법은 상황의 변화에 따라 많이 달라질 수 있으므로 여러 대안을 세우고 그에 맞는 종사원훈련, 물품 공급계획, 고장 수리 등의 계획과 방안을 강구하여야 한다. 셋째, 호텔의 여러 부서가 효율적으로 상호협동을 해야 하므로 운영표준이 모든 부서에 필요하다. 넷째, 제조업에서 활용하는 품질 측정 방법을 그대로 활용할 수 없으므로 서비스업에서 활용할 수 있는 품질 측정 시스템을 강구하여야 한다. 다섯째, 종사원과 고객이 직접 접촉하므로 종사원의 행동을 품질특성으로 간주하여야 한다.

여섯째, 종사원의 감정적 태도가 고객의 만족도와 관련이 있기 때문에, 서비스예우에서의 정서적 특성이 서비스의 일부로 받아들여지기도 한다(King, 1984).

킹의 연구에서 보면 종사원에 대한 행동이 호텔서비스 품질 측정에 주요한 변수를 차지하고 있음을 알 수 있다. 그리고 종사원의 감정적 태도는 직무만족과도 관계가 있다고 보며 본 연구에서는 종사원의 인적서비스와 직무만족이 어떠한 요인에 영향력이 미치는가를 고찰한다. 박충희는 협의의 호텔서비스는 고객의 욕구를 위해 제공하는 인적자원, 즉 대고객 서비스과정에서 종사원에 의하여 고객에게 제공되는 여러 가지 인적서비스 활동이다라고 하였다(박충희, 1988). 서비스제공자는 고객들과 상호접촉의 빈도가 높고 다양하며 잠시의 접촉에서도 품질적 영향을 크게 미칠 수 있기 때문이다. 즉 서비스제공자의 중요성이 고려되지 않은 좋은 시설과 좋은 물적 상품만으로는 완전한 서비스상품으로서의 가치를 보증할 수 없는 것이다.

그러므로 호텔을 구성하는 제 요소 중에서 가장 우선되어야 할 요소는 서비스제공자에 의하여 제공되는 인적서비스라 할 수 있다. 또한 서비스제공자의 직무만족에 영향을 미치는 요인들은 무수히 많으며 이러한 제 요인들이 서비스제공자에게 성공적으로 작용할 때 인적서비스 품질의 수준은 높게 나타날 것이다.

2. 호텔종사원 인적서비스의 중요성 및 영향요인

1) 인적서비스의 중요성

제조업 제품의 품질은 제품의 차이를 구별하는 특허와 같은 수단이 되어왔다.

그러나 호텔산업에서 고객을 유치하기 위하여 질적으로 높은 수준의 서비스 품질제공에 주력해야 하며, 또한 인적서비스 품질 수준의 측면에서도 경쟁호텔과는 차별화된 독특한 서비스, 질적으로 높은 수준의 서비스를 제공할 것을 강조하고 있으나 서비스의 무형성, 측정의 곤란성, 품질지각의 주관성 등으로 인하여 서비스 품질뿐만 아니라 인적서비스 품질의 차이를 구별한다는 것은 매우 어려운 일이다.

킹은 인적서비스 품질의 중요성을 다음과 같이 제시하였다. 첫째, 서비스 그 자체는 형태가 없기 때문에 이미지가 품질특성으로 간주된다. 둘째, 서비스제공자들은 고객과 상호접촉하기 때문에 그들의 행동은 품질을 규정하는 특성으로 간과되어야 한다. 셋째, 대고객서비스에 있어서 서비스제공자들의 정서적 태도 역시 고객들의 경험에 미세한 영향을 미친다. 넷째, 호텔서비스는 생산라인의 생산실적을 계량화할 수 없다고 하였다. Hart & Casserly(1985)는 대규모 식당서비스산업이 고급수준의 서비스를 제공하는 다른 식당서비스산업과의 경쟁에서 우위를 정하기 위해서는 그들 식당의 인적·물적 서비스 품질을 개선하고 고급화하는 방안을 찾아내어 다른 식당과 구별되는 우월성을 보여주어야 한다고 하였다. 또한 그들은 경쟁에 앞서기 위한 가장 이상적인 전략이 원가절감보다는 서비스 품질의 고급화에 있다고 하여 서비스 품질 구성요소 중에서 인적서비스 품질의 중요성을 특히 강조하였다.

한편 Wyckoff(984)는 인적서비스 품질의 중요성을 두 가지로 구별하고 첫째는 특정한 서비스가 표준에 해당하거나 관습에 의한 것이고, 둘째는 접객서비스와 비접객서비스이다라고 하였다. 이것은 질적으로 우수한 서비스가 서비스의 다양성과 상호 밀접한 관계가 있고 서비스제공자들은 기회가 주어질 때 보다 광범위하게 규정화되지 않은 서비스까지도 제공할 수 있으며, 새로운 서비스 품질 관리는 접객 부서에 중점을 두어 서비스제공자로 하여금 접객업무과정을 관리하는 것은 물론 서비스 품질을 개선하거나 고급화할 수도 있다는 것이다.

Mill(1986)은 인적서비스 품질의 중요성을 인적·물적서비스 품질과 비교하여 다음과 같이 제시하였다. 첫째, 수준미달의 불량한 인적서비스에 의하여 주방에서 준비한 조리제품의 품질을 저하시킬 수 있다. 둘째, 인적서비스의 가장 중요한 요점은 접객서비스이다. 셋째, 만약 서비스제공자들에게 고객 위주의 서비스기법과 고객을 위하여 실질적인 영향력을 행사할 수 있도록 교육, 훈련시키지 않으면 주방에 아무리 맛있는 음식을 준비해도 고객에게 쓴 맛을 남

길 뿐만 아니라 결국 금전적인 낭비만을 초래하게 될 것이다. 왜냐하면 음식을 제공하는 서비스제공자의 인적서비스가 결여되면 고객의 기대를 충족시켜 주지 못할 것이기 때문이다. 이와 같이 호텔서비스상품의 제 구성요소 중에서 인적서비스 품질이 차지하는 비중은 제일 크다고 할 수 있다. 왜냐하면, 호텔서비스상품의 특성상 물적서비스 상품이 아무리 좋다 하더라도 서비스과정에 참여한 고객에게 그것을 제공하는 서비스제공자의 품질수준이 결여되어 있다면 이미 제공된 서비스 상품의 기존가격과 상품적 가치가 소멸되는 것은 물론 고객들로부터의 외면을 면하기 어려울 것이기 때문이다. 따라서 인적서비스 품질은 호텔서비스 상품의 구성요소 중 가장 중요한 핵심적 요소라 할 수 있다.

2) 인적서비스에 영향을 미치는 요인

서비스 종사자들의 서비스제공 품질 정도에 따라 고객은 서비스 품질을 판단한다. 호텔서비스업에서 객실을 팔고 식·음료를 판매하는 사람은 늘 말단 종사원이다. 총지배인이나 관리자가 객실을 판매하거나 식·음료를 판매하는 데 가담하지 않는다. 따라서 일선 종사원들이 훌륭한 고객 서비스를 제공하고 고객에게 감동을 주어 호텔을 재방문할 수 있도록 하는 것이 호텔경영자의 책임이다.

특히 우리나라 특급호텔의 경우에는 선진국에 위치한 호텔과는 달리 인적서비스 경쟁에 돌입되고 있다. 대부분의 호텔들이 인적서비스의 질을 향상시키려고 노력하고 있지만 전통적인 서비스 산업 천시풍조 등으로 인하여 종사원들이 직장에 애착을 갖지 않는다는 점, 직업에 대한 자부심이 없다는 점, 실제 이직기회가 적음에도 불구하고 이직의도는 강한 점 등 종사원의 부정적인 태도가 장애요인으로 작용하고 있다(김민주, 1995). 이러한 장애요인을 극복하기 위해서 인적서비스 품질에 미치는 영향에 관한 연구가 많이 진행되어 왔다. 밀(1986)은 성공적인 접객서비스는 서비스제공자들의 능력에 달려있으며 그들이 고객의 편리와 상황에 맞추어 적절하게 행동해야 하기 때문에 서비스제공자는 직무수행에 적합한 인재를 선발해야 한다고 하고 그 기준을 융통성 있는 행동, 상대의 기분과 감정을 알아차려 맞출 줄 아는 감정이입, 대인관계기법으로 나누고 각각을 구분하여 제시하였다.

서비스제공자의 직무만족에 영향을 미치는 요인들은 무수히 많으며 이러한 제 요인들이 서비스제공자에게 성공적으로 작용할 때 인적서비스 품질의 수준은 높게 나타날 것이다. 호텔산업은 노동집약적 산업으로 인적서비스를 제공하는 서비스제공자들이 차지하는 비중이 높아 고객과의 접객과정에서 서비스의 품질수준이 평가되므로 서비스제공자의 직무만족은 인적서비스 품질수준을 결정하는 매우 중요한 요소가 된다. 호텔이나 식당의 접객서비스에서 서비스과정에 참여하는 고객의 태도는 서비스제공자의 서비스행동에 직접적으로 영향을 미쳐 서비스의 품질수준을 변화시키는 결정적인 요인이 된다. 고객의 지나친 기대와 무리한 요구, 서비스제공자를 무시하는 태도나 무례한 말투 등은 서비스제공자들의 내면에서 심리적인 변화를 일으키고 자극을 줌으로써 인적서비스 품질을 저하시키게 된다. 인적서비스 품질은 고객과의 상호접촉을 통하여 이루어짐으로 인적서비스 품질에 영향을 주는 고객의 형태를 분류할 필요가 있으며 고객의 형태와 특성별로 인적서비스의 제공방법이 달라져야 할 것이다.

Woods & Macaulay(1989)는 그들이 연구 조사한 미국 호텔업계의 이직률이 타 업종보다 높음으로서 인적서비스 품질의 수준에 미치는 영향을 다음과 같이 제시하였다. 첫째, 고객에게 제공하는 호텔서비스가 질적인 면에서 하락한다. 둘째, 서비스제공자들에 대한 지도·관리의 효율성이 격감한다. 셋째, 판매실적이 하락한다. 넷째, 회사의 영업확장에 부정적인 영향을 미친다. 다섯째, 회사의 주식가격을 떨어뜨린다라고 하였다. 이와 같이 인적서비스에 미치는 다양한 연구가 있지만 정보화 사회에서 호텔종업원이 사용하는 정보시스템에 의한 인적서비스의 연구는 아직 없다. 고객서비스를 위한 정보시스템의 설치 후 문제가 발생하여 고객에게 서비스를 할 수 없는 경우 정보시스템 부서의 신속하고 정확한 서비스가 인적서비스를 향상시키는 데 도움이 된다고 본다. 예를 들어 고객이 원하는 영수증을 제공하거나, 체크아웃 시 정보시스템이 문제가 되어 고객 사용내역을 알 수 없거나 체크인 시에 고객의 정보를 알 수 없어 서비스를 제공하지 못하는 경우 정보시스템 부서의 신속한 처리는 종사원이 인적서비스를 할 수 있도록 도와준다.

본 연구에서는 파라슈라만이 제시한 서비스 질의 결정요인 중 인적서비스에 영향을 미치는 요인을 호텔실무자들과의 패널토의를 거쳐 구성항목을 결정한 김민주가 개발한 인적서비스 측정 항목인 서비스 방식이해, 친절성, 개별적 배려, 감정이입, 대응성, 신뢰성, 고객이해에 호텔정보시스템 서비스 질이 미치는 영향을 조사하였지만 그는 재연구에서 인적서비스의 측정 항목이 적극적 서비스, 환대적 서비스, 절차적 서비스로 분류하기도 하였다.

3. 호텔종사원 직무만족의 중요성 및 영향요인

1) 직무만족의 중요성

호텔서비스업에서 서비스를 담당하는 종사원의 역할은 매우 중요하다. 그것은 종사원이 고객에게 어떠한 인상을 남기느냐에 따라 호텔서비스에 대한 고객의 평가가 달라질 수 있기 때문이다. 따라서 서비스의 향상을 위해서는 시설의 고급화, 쾌적한 주변 환경 등 물리적인 요인의 개선도 중요하지만 인적요소의 개선도 매우 중요하다(김성혁, 1992). 이는 일선 종사원이 직무에 만족하고 긍정적인 태도를 갖고 있을수록 더 나은 서비스가 가능하다고 믿기 때문이다(원융희, 1992).

2) 직무만족에 영향을 미치는 요인

일반적으로 직무에 대한 만족의 정도와 만족에 영향을 주는 요인은 주로 인간의 욕구와 동기 이론에 기초를 두고 있다. 많은 이론 중에서 몇 가지 기본적인 이론만을 발췌한다면, Poter & Lawler(1968)는 실제로 얻은 보상이 적당하다고 인지되는 수준을 충족하거나 초과하는 것으로 수준에 미달할수록 상황에 대한 불만은 커진다고 정의하였다.

Beatty(1979)는 종사원이 직무평가를 달성하고 추진하는 것으로서 그 개인의 직무평가에서 얻어지는 유쾌한 감정적 상태로 보았고, 조긍호(1997)는 조직체를 이루는 구성원 간의 신뢰와 조화는 그 중요한 요인의 하나라고 볼 수 있다고 하였다.

그동안 호텔종사원의 직무만족에 영향을 미치는 요인에 대한 연구는 다양한 관점에서 이루어졌다. 즉, 직무 자체에 대한 만족, 급여, 승진, 복지, 작업조건, 구성 간의 인간관계, 관리방법 등의 복합적인 요인이 직무만족에 영향을 미치는 것으로 연구되어 왔다. 직무만족이란 조직원이 자신의 직무 및 직무관련 대상이나 상황을 지각하고 이를 평가하는 관계를 거쳐 나타낸 정서적 작용으로 이때 그 정서적 반응이 유쾌하고 긍정적일 때 직무만족의 상태가 되고 반대로 부정적이거나 불유쾌한 상태일 때는 직무불만족의 상태가 된다. 업무의 수단인 호텔정보시스템 서비스가 원활하게 제공되지 않음으로 종업원에게 지각되는 불유쾌함은 직무불만족의 하나의 형태라 하겠다. 따라서 본 연구에서는 호텔종사원이 업무의 수단으로 이용하는 정보시스템의 서비스 상태에 따라 직무만족과도 영향이 있다고 보고 조긍호가 개발한 직무만족척도의 상사·동료, 자기개발, 외적보상요인 중에서 상사·동료와 자기개발요인 항목을 선별하여 호텔정보시스템 서비스 품질이 종업원의 직무만족에 영향력이 있는가에 대하여 연구하였다.

4. 호텔서비스 품질에 대한 선행연구

호텔서비스 품질에 대한 선행연구를 조사한 결과 모든 연구가 고객을 대상으로 진행되었는데 그 이유는 호텔을 이용하는 고객을 서비스 품질 평가 대상으로 생각하였기 때문이다.

그러나 호텔서비스업에서 전 종사원이 고객의 정보를 관리하고 제공하는 정보시스템의 서비스 품질 평가는 내부 마케팅적인 기능을 가지고 있음으로 호텔서비스 품질을 간접적으로 평가하는 데 매우 중요하다.

본 연구의 대상인 종사원에 의한 서비스 품질 선행연구가 없음으로 그동안 고객대상으로 연구되어온 선행연구를 조사대상 및 서비스 품질 척도 모형으로 구분하여 연구하였다.

〈표 3〉의 내용을 보면 조사대상에 따라서 다양한 서비스 품질 속성이 설명됨을 알 수가 있으며 이는 호텔서비스 품질 측정 모형을 결정하기에는 계속적인 연구가 필요함을 명시한다.

〈표 3〉 호텔서비스 품질 속성 요약

연구자 내용	적용 모형	조사대상	연구된 속성
Robert C. Lewis	17개의 서비스 품질속성	business traveler/ pleasure traveler	여행자별 구분으로 호텔 선택 결정요소 및 중요 속성을 구분하였다.
Bonnie J. Knustson	–	business traveler/ pleasure traveler	알뜰여행자, 호화여행자, 적당 여행자로 구분하여 최초여행과 재 방문 여행 시에 중요하게 생각하는 호텔선택 속성연구
R.Cadotte & Turgeon	–	레스토랑관리자	레스토랑을 이용하는 고객의 불만족, 만족 서비스 속성연구
엄서호	SERVQUAL	김포공항 20세 이상 내국인	10개의 차원 24개의 속성도출
김대권	SERVQUAL	호텔 식음료이용 외국인 투숙객 대상	9개의차원 28개 속성도출
박중환	SERVQUAL, SERVPERF, 중요도변수도입 (칼만),상대적 중요도변수 (SERP모형)를 종합적 적용	리조트호텔 (해운대)	서비스유형별 (인적, 물적, 시스템적 서비스) 로 측정 속성도출
이준혁	SERVPERF 모형 적용 바스키이론	외국인 투숙객	미시적 환경요인과 조직적 환경요인으로 속성도출

주: 연구자 작성.

제3절 호텔정보시스템의 운영

1. 호텔정보시스템의 특성 및 내용

1) 호텔정보시스템의 특성

사람을 대상으로 서비스를 제공하는 업체의 공통점은 실시간으로 정보를 제공해야 하는 어려움이 있다. 특히, 호텔서비스업는 365일 24시간 동안 영업을 하는 이유로 정보시스템의 가용시간이 다른 업종에 비하면 매우 높다. 따라서 정보시스템에 의한 서비스도 365일 24시간 제공된다.

호텔정보시스템 특성을 설명하면 다음과 같다. 첫째, 소속이 다른 직원이 주간과 야간을 구분하여 정보시스템을 운영한다. 예를 들면, 정보시스템 부서의 근무자가 밤에 없는 대신에 프론트 부서에 근무하는 나이트오디터(night auditor)가 새벽에 일일업무를 마감하고 아침에 경영진들이 볼 수 있도록 모닝(morning)보고서를 정리하며, 야간에 방문하는 고객의 정보를 입력 및 출력한다. 즉, 일반 전산업무를 수행한다고 볼 수 있다. 그러나 업무수행 중 정보시스템의 고장 및 소프트웨어 문제 등에 의해 야기되는 점은 정보시스템 부서의 직원들에게 연락을 하여 해결할 수밖에 없다. 즉, 정보시스템 부서의 직원들은 출·퇴근 시간 의미가 있는 것처럼 보이지만 정보시스템이 24시간 운영됨으로서 근무시간의 제한이 없다는 것이다.

둘째, 호텔정보시스템에 사용되는 자료는 하루에 수차례 저장하는 절차를 가진다. 이유는 실시간으로 운영되는 고객정보를 정보시스템 재해 발생 시 가급적 최신 자료를 재생시켜 손실을 줄이기 위한 방법이다.

셋째, 호텔정보시스템의 종류는 다양하기 때문에 정보시스템의 기능에 따라 사용자의 부서가 구분된다. 즉, 객실관련 업무를 관리하는 프론트업무, 교환실업무, 객실관리업무 등은 프론트오피스시스템을 사용하고, 레스토랑 및 연회장을 관리하는 식·음료 부서의 업무는 업장관리시스템을 사용한다.

그리고 프론트오피스시스템과 업장관리시스템에서 발생하는 자료를 자동으로 이관하여 고객에 대한 매입·매출관리를 하는 관리 부서는 백오피스시스템이 사용된다.

넷째, 사설교환기를 이용한 객실 자동화 정보시스템이다.

이 기능은 호텔서비스업에서 매우 중요하게 작용하는 정보시스템 서비스의 일종으로 호텔서비스업 간에도 이 시설에 의해 호텔의 수준을 평가하기도 한다.

다섯째, 고객을 직접 상대하는 프론트오피스와 업장관리시스템을 사용하는 종사원은 인적서비스제공 수준과 직무만족요인이 정보시스템의 서비스 품질 정도에 의해 고객으로부터 칭찬 또는 불평을 들을 수 있다는 것이다.

예를 들면, 체크아웃을 기다리는 고객이 있는데 정보시스템 문제로 영수증 발급이 지연되고 이로 인하여 항공기 시간에 쫓기게 되는 경우 고객으로부터 불평을 듣게 되며, 이로 인하여 만족한 서비스제공이 되지 않고 종사원 자신도 스트레스를 받게 된다. 반면, 고객이 객실에 부재중일 때 고객에게 연락된 메시지를 무사히 전달할 경우에 감사의 말과 선물을 받게 됨으로써 직무에 만족을 하게 된다.

결론적으로 호텔정보시스템은 다른 업종에 비하면 정보시스템으로 인해 고객으로부터 종사원이 받는 직접적인 영향력은 많다고 할 수 있다.

2) 호텔정보시스템의 내용

호텔정보시스템에서 제공되는 기능은 부서(department)단위가 아니라 섹션(session)에 의해서 운영되며, 또한 모듈(module)에 의해서 구성되어 있는 아주 섬세한 정보원으로 구성되고 있다. 모듈의 특성은 호텔정보시스템을 구성하는 전체적인 단위가 문제가 생기는 것을 방지하기 위하여 기능별 구성요소를 하나하나 붙여서 전체적인 정보시스템을 구축한다. 이러한 모듈에 의해 구성된 정보원을 통상적으로 프론트오피스정보시스템, 백오피스정보시스템, 업장관리정보시스템, 인터페이스정보시스템이라고 한다. 호텔서비스업에서 운영되는 정보시스템 내용을 요약하면 〈표 4〉와 같다.

<h3 align="center">〈표 4〉 호텔정보시스템의 내용</h3>

시스템＼내용	담당업무	정보시스템 내용
프론트오피스 시스템	예약	- 객실고객 및 업장고객의 예약을 받는다.
	프론트캐셔	- 객실고객의 체크아웃을 돕는다. - 환전업무를 한다.
	프론트클럭	- 객실고객의 체크인을 돕는다.
	하우스키핑	- 객실청소 상태를 점검한다. - 객실손님 정보를 관리한다.
	교환실	- 모닝콜, 음성사서함을 서비스 한다. - 각종 안내 서비스를 한다.
	벨데스크	- 메시지를 출력하여 전달한다.
	마케팅	- 객실에 대한 수요 및 예측을 한다. - 마케팅전략에 기초가 될 자료를 수집한다.
	경영진	- 실시간으로 객실현황을 점검한다.
백오피스 시스템	인사·급여	- 종사원의 인사 및 급여를 관리한다.
	경리·회계	- 매입·매출관리를 한다.
	검수·구매	- 자재에 대한 검수 및 구매를 관리한다.
	고객관리	- 호텔이용고객을 관리한다.
	원가관리	- 호텔 경영에 필요한 비용 분석을 한다.
	시설관리	- 호텔 시설에 대한 관리를 한다.
	경영진	- 경영전략을 위한 자료를 수집한다.
업장관리 시스템	주방	- 고객의 주문이 자동으로 전달되어 조리한다. - 레시피 관리가 된다.
	레스토랑	- 고객의 주문을 주방으로 자동으로 전달한다. - 객실고객 영수증을 구분해서 처리한다. - 영수증을 발급한다. - 고객신상 정보에 의해 서비스를 제공한다.
인터페이스 시스템	전화요금산출	- 객실고객의 전화사용에 대한 내역 및 요금을 산출한다.
	에너지관리	- 객실에 설치된 전열, 난방 등 에너지를 자동 관리한다.
	전자잠김	- 마그네틱에 의한 객실입구를 관리한다.
	음성사서함	- 고객 부재 시 상대방 음성으로 메시지가 전달된다.
	인터넷	- 객실 내에서 인터넷 검색 및 전자우편을 사용한다.
	영수증검색	- 객실 내의 텔레비전을 통하여 사용내역을 볼 수 있다.
	비디오상영	- 다양한 영화를 볼 수 있으며 자동으로 요금 산출된다.
	미니바	- 객실에서 소비한 냉장고의 내용물 및 요금이 산출된다.
	고객이름호출	- 고객이 객실에서 전화를 걸면 객실번호와 이름이 나타 남으로 이름을 불러준다.

주: 연구자 작성.

2. 호텔정보시스템 부서의 조직

정보시스템은 일반적으로 하드웨어와 소프트웨어로 구분하며, 정보시스템 기능은 계산, 정보처리, 관리 능력이 있으며 이용 주체는 기술자 및 과학자, 사무원, 관리직, 경영자, 기업(MIS), 국가(NIS)이다(이상범, 1999).

이용 분야는 기업의 성격에 따라 다양할 수밖에 없고 특히, 호텔 서비스업에서 객실 고객 관리를 위한 프론트오피스 시스템, 업장 고객관리를 위한 POS시스템, 일반적인 사무관리를 위한 백오피스 시스템으로 구분할 수 있다〈부록 1-4〉.

이와 같이 정보시스템의 성격에 따라 정보시스템 부서의 규모 및 활동 영역이 다르며 정보시스템 부서가 소속되는 조직의 형태도 다양하다〈부록 1-3〉.

1) 호텔정보시스템 부서의 조직도

호텔정보시스템 부서(전산실)의 조직은 호텔 경영방침 및 정책에 따라 차이가 있고 시대의 흐름에 의해 변동되고 있다. 크게 나누면 정보시스템 부서가 프론트오피스 부서로 소속이 되는가 또는 백오피스 부서로 소속으로 구성되는가인데, 이는 항상 유연성이 있으며 정보시스템 부서 소속에 대한 장·단점에 대한 내용은 특별히 없으며 호텔 경영방침에 의해 조직이 조절된다.

일반적인 정보시스템 부서의 조직 위치는, 〈부록 1-1〉과 같고 조사 연구대상 호텔의 일반적인 조직도 및 정보시스템 부서의 조직도는 〈부록 1-2〉와 같다.

2) 호텔정보시스템 부서의 역할

정보시스템실의 임무 및 역할을 분류하면 〈표 5〉와 같다.

〈표 5〉 정보시스템 부서의 임무 및 역할

구 분	내 용
프론트오피스	1. 정보시스템 개발 및 유지 2. 정보시스템 사용자 교육 3. 정보시스템 문제점 해결 4. 정보시스템 자료 백업 및 보관(일, 월, 분기, 연별) 5. 정보시스템 자료 보고서 출력 6. 정보시스템 업그레이드 및 신기술 도입 7. 정보시스템 매뉴얼 및 다큐멘테이션 제작 8. 정보시스템 비상재해대책 계획 및 실행
백오피스	1. 정보시스템 개발 및 유지 2. 정보시스템 사용자 교육 3. 정보시스템 문제점 해결 4. 정보시스템 자료 백업 및 보관(일, 월, 분기, 연별) 5. 정보시스템 자료 보고서 출력 6. 정보시스템 업그레이드 및 신기술 도입 7. 정보시스템 매뉴얼 및 다큐멘테이션 제작 8. 정보시스템 비상재해대책 계획 및 실행
업장 및 부대시설	1. 정보시스템 개발 및 유지 2. 정보시스템 사용자 교육 3. 정보시스템 문제점 해결 4. 정보시스템 자료 백업 및 보관(일, 월, 분기, 연별) 5. 정보시스템 자료 보고서 출력 6. 정보시스템 업그레이드 및 신기술 도입 7. 정보시스템 매뉴얼 및 다큐멘테이션 제작 8. 정보시스템 비상재해대책 계획 및 실행

주: 웨스틴 & 리조트호텔(1998), 직무별 업무기능을 자료로 연구자 작성.

3. 호텔정보시스템의 종류

호텔서비스업에서 운영하고 있는 컴퓨터 시스템은 다른 산업과 성격이 다른 다양한 종류의 시스템으로 구성되고 있다. 그 이유는 호텔서비스업 성격상 1년 365일 영업이 이루어지며 영업대상이 완벽한 서비스를 원하는 서비스 산업임으로 이를 뒷받침하는 경영정보시스템 성격이 일반 기업과 다르다고 할 수 있다. 호텔정보시스템의 종류는 프론트오피스시스템, 백오피스시스템, 업장관리시스템으로 크게 구분하고 있으나 프론트오피스시스템과 인터페이스시스템을 총칭하여 PMS(Property Management System)이라고 한다 (Kasavana, 1992).

일반적으로 호텔정보시스템을 대분류하면 크게 4종류로 구분한다. 첫째, 객실 전반적인 업무를 관장하는 프론트오피스시스템 둘째, 일반적인 경영분석 업무를 관리하는 백오피스시스템 셋째, 업장 및 부대시설업무를 처리하는 업장경영관리시스템 넷째, 모든 시스템을 교통 정리하여 하나의 시스템으로 통합하는 인터페이스시스템으로 분류되며 이들 시스템을 그림으로 표시하면 [그림 3]과 같다.

[그림 3] 호텔정보시스템의 구성도

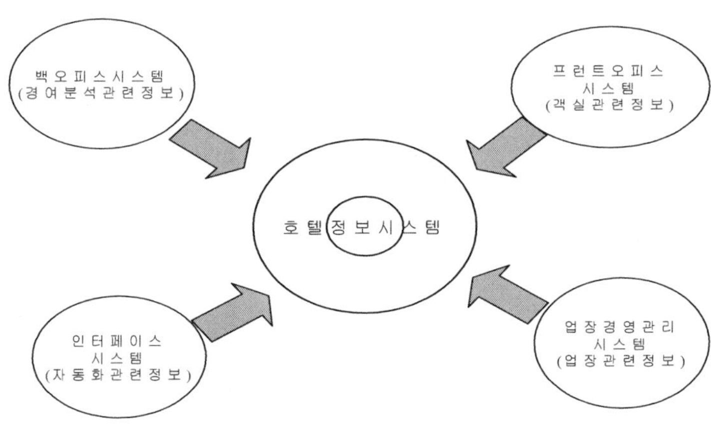

주: 연구자 작성.

1) 프론트오피스시스템

프론트오피스의 주 업무는 호텔에 숙박하기 위해 찾아오는 고객을 제일 먼저 접객하는 장소이고 고객이 체류하는 동안 호텔 내 모든 곳을 안내 역할하는 곳이기도 하며, 고객이 호텔을 출발할 때까지 마지막으로 안내하는 호텔창구의 역할을 하는 곳이다.

따라서 이러한 모든 업무를 원활하고 신속하게 수행되기 위해서는 시스템에서도 기능별로 구분되어 있다. 첫째, 고객에게 방을 배정하는 프론데스크모듈 둘째, 고객에게 환전 또는 퇴실시키는 프론트캐셔모듈 셋째, 고객의 객실 예약을 처리하는 예약모듈 넷째, 고객의 전화사용 및 안내를 하는 교환모듈 다섯째, 객실의 청소 상태를 관리하는 하우스키핑모듈이 있다. 프론트오피스시스템의 각 기능 모듈을 그림으로 도시하면 [그림 4]와 같다.

전형적으로 프론트오피스에서 객실판매, 재고 조절, 고객서비스 위해서 필요한 도구는 정보시스템과는 별도로 업무를 수행하기 위한 도구를 가지고 있다(Haszonics, 1976). 컴퓨터로 처리되는 도구는 부서별로 다양하지만 일반적으로 예약, 프론트데스크, 전화요금, 객실관리, 시설유지보수, 식·음료, 마케팅, 나이트오디트, 경리, 인사, 경비, 전자우편으로 구분한다(Bardi, 1990).

[그림 4] 프론트오피스시스템의 모듈

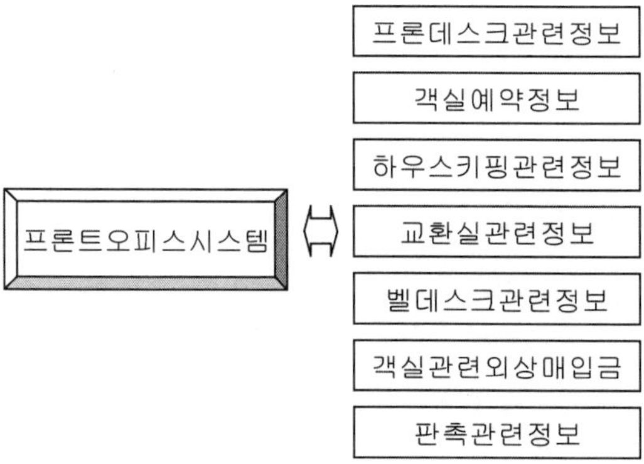

프론트오피스시스템 ⟷ 프론데스크관련정보 / 객실예약정보 / 하우스키핑관련정보 / 교환실관련정보 / 벨데스크관련정보 / 객실관련외상매입금 / 판촉관련정보

주: 연구자 작성.

2) 백오피스시스템

백오피스의 주 업무는 호텔에서 발생하는 매출·매입관계를 관리하는 경리·회계시스템, 종업원의 채용 및 교육 그리고 급여를 관리하는 인사·교육시스템, 호텔 영업에 필요한 식·음료관리 및 원가를 관리하는 재고관리시스템과 원가관리시스템이 있으며 호텔 고객관리 및 판촉을 위한 업무를 집행하는 판촉·연회관리시스템 등

이 있다. 그리고 이러한 모든 자료를 최고 경영자가 참조할 수 있도록 구축된 최고 경영자관리시스템이 있다.

이러한 모든 시스템을 총괄하여 백오피스시스템이라고 한다. 따라서 백오피스의 시스템은 호텔 경영특성에 따라 시스템을 구축할 수 있는 유연성이 있는 특징이 있다고 할 수 있다. 백오피스시스템을 그림으로 도시하면 [그림 5]와 같다(PCOMS, 2000; A. P. Technology, 1994; 산하정보기술, 1997; 한진정보통신, 1999).

[그림 5] 백오피스시스템 모듈

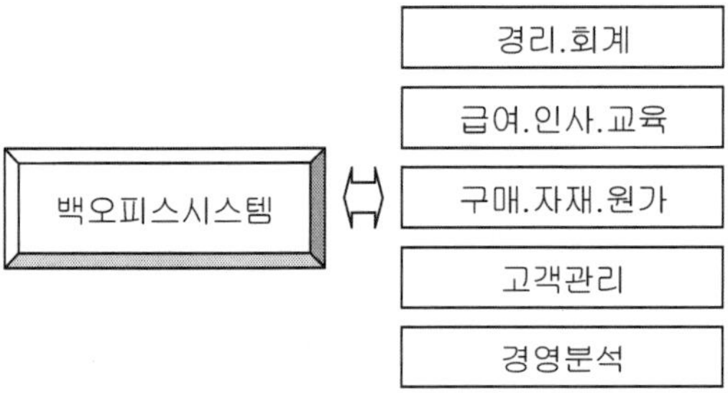

백오피스시스템

경리.회계
급여.인사.교육
구매.자재.원가
고객관리
경영분석

주: 연구자 작성.

3) 업장관리시스템

업장관리시스템의 주 업무는 호텔 내에 설치되어 있는 다양한 레스토랑, 바 그리고 수영장, 헬스클럽과 같은 부대시설에서 사용되는 매출을 관리하는 시스템으로써 일반적으로 POS(Point of Sales)시스템이라고 하며 한글로 해석하면 판매시점관리라고도 하나 여기서는 업장(outlet)경영관리시스템으로 칭한다.

POS기기의 종류는 사용 용도에 따라 백화점용, 호텔용, 외식사업용 등으로 구분할 수 있으며 사용하는 업체의 경영방식에 따라 적절한 기기의 도입이 필요한 아주 민감한 시스템이라고도 할 수 있다.

업장경영관리시스템을 그림으로 도시하면 [그림 6]과 같다.(PCOMS, 2000; A. P. Technology, 1994; 산하정보기술, 1997; 한진정보통신, 1999).

[그림 6] 업장관리시스템 모듈

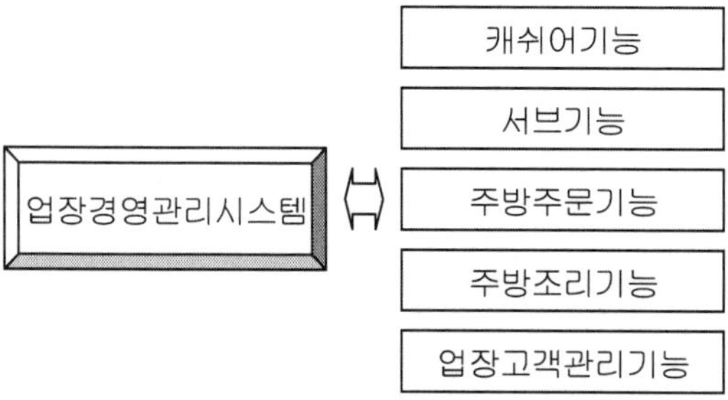

자료: 연구자 작성.

4) 인터페이스시스템

호텔정보시스템의 구성은 다양하게 세분화되어 있고 여기서 출력되는 자료도 분산되어 관리될 수 있다. 따라서 인터페이스 시스템의 역할은 이러한 분산된 자료를 하나로 통합시키는 교통순경의 역할 한다고 보면 된다. 객실에서 출력되는 객실정보, 업장에서 제공되는 업장 정보 등을 통합하여 고객 및 종업원을 위한 정보자료로써 이용될 수 있도록 도와주는 통합시스템 역할을 하는 아주 중요한 시스템이며 원리는 [그림 7]과 같다.

[그림 7] 인터페이스시스템 모듈

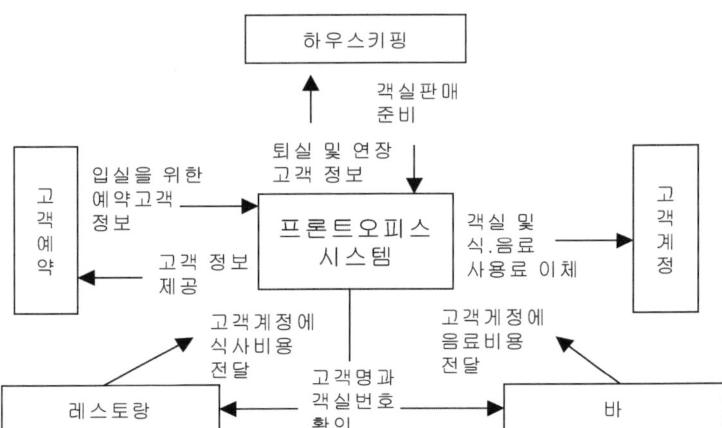

자료: Peter O'connor(1996), *Using Computers in Hospitality*, Cassell, p.173.

4. 호텔정보시스템 현황 및 문제점

1990년 웨스틴호텔 & 리조트에서 전 세계의 호텔 경영주들을 대상으로 21세기 국제호텔 산업에 미치게 될 영향에 대한 설문조사를 한 결과 〈표 6〉과 같이 자동화시스템의 중요도가 2위, 프론트오피스 시스템의 필요성이 4위, 백오피스 시스템의 필요성이 6위 등으로 나타났다.

<표 6> 21세기 국제호텔 산업에 미치게 될 영향 순위표

순 위	주요 관심 사항
1	호텔의 안전 및 신분 보장
2	호텔 경영관계 자동화 사용의 증가
3	효과적 마케팅 기술을 가진 호텔의 사용 증가
4	호텔 고객관계 컴퓨터 사용증가(프론트오피스 시스템)
5	호텔 시장 판도(영업, 주말고객유치)의 차이 증가
6	호텔 재산 및 관리에 관한 컴퓨터 사용의 증가(백오피스 시스템)
7	장비 및 물자의 개선
8	빌딩 기술자 설계의 발전
9	모든 슈트-룸, 예산등과 같이 세분화된 호텔 제품의 출현
10	위탁을 위한 여행사의 효과적 흥정

주: 웨스틴 호텔 & 리조트 자료를 참조로 연구자 작성.

이러한 조사 분석을 토대로 만들어진 차세대 국제호텔 산업 문제점의 연구 보고서에 의한 정보 시스템의 필요성은 첫째, 관광 산업에 대한 국제적 경쟁력을 높이기 위하여 보다 장·단기적이고 세심한 전략이 필요하다.

둘째, 각종 업무처리의 자동화 및 서비스 기능의 강화로 경영의 효율화 및 수익의 증대를 기한다. 셋째, 호텔이 단순한 숙박 시설로서의 이용이 아닌 투숙자 개개인의 생활 방식에 따라 다양한 서비스를 제공하여 새로운 부가가치를 창출한다.

넷째, 시스템 도입에 따른 전시효과로 기업의 이미지 상승 및 종업원의 사기 앙양으로 고객 서비스에 향상을 기한다.

다섯째, 가장 보편화된 전화기를 이용해 쉽게 호스트 컴퓨터의 정보를 얻을 수 있다. 여섯째, 효율적인 객실관리가 이루어지면서 고객의 서비스 향상에 기한다.

[그림 8]은 정보시스템에 의한 호텔서비스 환경이며 서울에 위치

한 특급 호텔의 정보시스템 현황을 PABX, 프론트오피스, 백오피스, 업장관리시스템으로 구분하여 살펴본다.

[그림 8] 호텔서비스 환경

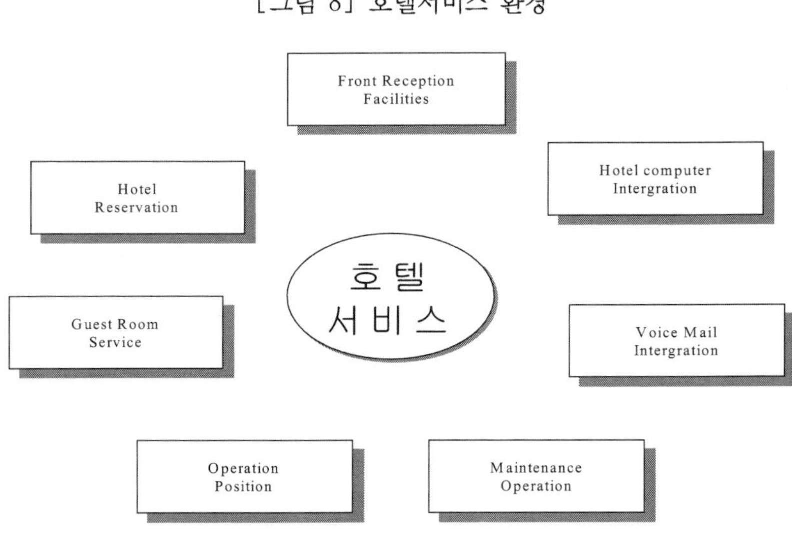

주: 연구자 작성.

1) PABX[9]를 이용한 정보시스템 현황

기술적인 개념이지만 호텔의 정보시스템 역할을 하는 장비 중 PABX의 기능은 매우 중요하다. 이 장비의 규모는 호텔객실 규모에 의해 결정되며 대부분 수입 장비로 설치되고 있다. 일반적으로

---

9) PABX(Private Automatic Branch Exchange: 사설교환기): 데이터통신 네트워크에서 근거리 데이터통신 네트워크에 사용되는 전화회선에 의한 중계대를 말하며 아나로그방식과 디지털방식이 있으며 호텔서비스업에서 사용되는 PABX는 다양한 기능을 가지고 있어 일반용과는 성격이 다르다. 대부분 외국제품이며 고가장비에 속한다.

사용되는 호텔용 사설교환기 종류는 AT&T, NEAX, Hicom, Rolm 등이 있다. PABX의 기능은 프론트오피스시스템의 고객 데이터베이스와 자동화 서비스 시스템이 연결되어 상호 자료를 송·수신하면서 고객에게 제공하는 서비스이며 호텔서비스업에서 유용하게 이용된다. 가장 보편적인 기능으로는 객실에 설치된 전화사용에 관한 내역인 지역, 시간, 요금 등을 산출해주는 Calling Accounting System이 있다. 최근에 많이 도입되는 기능으로는 객실에 설치된 전기, 수돗물 등 에너지에 관련된 시설물을 자동으로 통제해주는 Energy Management System이 있다. 그리고 객실 입구를 통제해주는 마그네틱 카드에 전자칩을 연결한 Electric Locking System이 있다. 이러한 PABX기능을 상세하게 요약하면 다음과 같다(LG정보통신, 1996).

(1) 메시지 대기(message waiting)

중계대, PMS단말기, 프론트단말기에서 메시지가 도착된 고객의 객실전화기의 램프를 구동하고 메시지 확인 후에는 램프가 자동으로 소멸된다. 따라서 객실 전화기에는 램프가 부착되어야 한다. 특히, 중요한 약속이 있는 사업고객에게는 매우 필요한 서비스 기능이다.

(2) 자동 깨움(automatic wake up)

객실고객이 기상시간을 알려주면 기상시간을 등록하여 음악, 종소리 신호 송출 또는 객실 손님의 사용언어 안내 언어로 송출하여 잠을 깨우며 기상신호 1회 30초를 송출하며 3분 간격으로 3회 송출

한다.

(3) 전화 요금(call accounting)

교환실을 통하지 않고 객실에서 국내·외 전화 통화가 가능하고 통화료는 자동 산출하는 서비스이다.

(4) 객실 상태 알림(OFF hook alarm)

객실에서 비상상태가 발생하거나 객실전화가 잘못 놓여져 있을 경우 경적을 울리게 하여 객실의 상태를 감시하는 서비스이다.

(5) 방해 방지(do not disturb)

객실 손님이 일시적으로 응답을 회피하고자 할 때 사용하는 기능으로써 착신 전화가 자동으로 거부되는 서비스이다.

(6) 객실상태 확인(room status)

중계대, 다기능 전화기, PMS단말기, 프린터 등을 통하여 객실상태를 볼 수 있는 서비스로서 메시지 유무, 기상시간, 방해방지, 잠김 상태, 기상상황, 고객 사용언어, 고객 이름, 전화번호, 귀빈 여부를 체크할 수 있는 서비스다.

(7) 스위트 객실 서비스(suit room service)

하나의 스위트 객실에 최대 4대의 전화기를 설치하여 대표번호로 운용할 수 있는 기능으로 전체 전화요금 집계 외 객실 내에서 받을 수 있는 서비스를 대표해서 받을 수 있는 서비스다.

(8) 비상 메시지 서비스(emergency message service)

비상시 비상본부에서 호텔 모든 전화에 신호를 보낸다. 신호에 응답하면 고객 및 직원은 동시에 미리 녹음된 비상 안내 방송을 들을 수 있는 서비스다.

(9) 프론데스크에서 고개정보 확인(guest information at the front desk)

프론트데스크에서 손님의 모든 정보를 체크할 수 있는 서비스 기능이다.

국내호텔 가운데 위와 같은 기능을 가진 사설교환기기를 설치하고 고객에게 자동화시스템 서비스를 제공하는 호텔을 조사한 결과 대부분 특급호텔에서 이루어지고 있다.

더욱이 1988년 88올림픽을 기점으로 자동화 서비스 시스템 제공을 위해서 사설교환기기를 도입하였고 90년대 후반에는 특1급 호텔들이 새로운 기능을 가진 사설교환기기를 도입 및 업그레이드를 하였으나 특2급 호텔은 비용 문제로 인하여 재도입을 고려하지 않고 있다.

대부분 특2급 호텔은 단순한 전화 교환 서비스만 가능한 국산제품인 소규모의 사설교환기 장치를 사용하고 있어 정보통신을 이용한 고객 서비스의 원활한 제공을 하지 못하고 있다. 〈표 7〉은 1999년 7월 서울에 위치한 특급 호텔의 사설교환기 장치와 자동서비스 현황이다.

〈표 7〉 서울지역 특급호텔 자동화서비스 현황(1999년 7월 통계)

호텔				자동화 서비스 시스템 기능									
등급	호텔 명	PABX모델	도입시기	모닝콜	음성사서함	폴리오검색	전화자동	호텔안내	인터넷사용	전자메일사용	팩스사용	전자열쇠	비디오상영
특1급	신라	INFOREX	1996	●	●	●	●	●	●	●	●	●	●
	하얏트그랜드	NEAX2400	1988	●	●	●	●	●	●	●	●	●	●
	힐튼서울	MERIDIAN-1	1997	●	●	●	●	●	●	●	●	●	●
	래디슨프라자	CBX II	1988	●	×	●	●	●	▲	▲	●	●	●
	웨스틴조선	SIMENS	1998	●	●	●	●	●	●	●	●	●	●
	롯데소공동	NEAX7500	1999	●	●	●	●	●	▲	▲	●	●	●
	롯데잠실	NEAX2400	1980	●	●	●	●	●	▲	▲	●	●	●
	스위스그랜드	NEAX7400	1997	●	●	●	●	●	●	●	●	●	●
	쉐라톤워커힐	NEAX2400	1985	●	●	●	●	●	●	▲	●	●	●
	인터콘티넨탈	NEAX2400	1988	●	●	●	●	●	●	▲	●	●	●
	리츠칼튼	NEAX2400	1994	●	●	●	●	●	●	▲	●	●	●
	르네상스	NEAX7400	1998	●	●	●	●	●	●	▲	●	●	●
	아미가	INFOREX	1995	●	●	●	●	●	▲	▲	●	●	●
특2급	노보텔강남	MERIDIAN-1	1995	●	●	●	●	×	×	×	▲	●	●
	뉴월드	삼성500MD	1987	●	×	×	●	×	×	×	▲	×	×
	로얄	SDSL	1988	●	×	×	●	×	×	×	▲	×	●
	리베라	INFOREX	1997	●	×	×	●	×	×	×	▲	×	●
	세종	INFOREX	1996	●	×	×	●	×	×	×	▲	×	●
	소피텔	CBX8000	1986	●	×	×	●	×	×	×	▲	×	●
	올림피아	삼성SDSL	1988	●	×	×	●	×	×	×	▲	×	●
	캐피탈	금성STARGX	1988	●	×	×	●	×	×	×	▲	×	●
	코리아나	SDXL	1988	●	×	×	●	×	×	×	▲	×	●
	타워	금성STARGX	1996	●	×	×	●	×	×	×	▲	×	●
	팔래스	금성STARGX	1992	●	×	×	●	×	×	×	▲	×	●
	프레지던트	삼성SDXL	1989	●	×	×	●	×	×	×	▲	×	×
	홀리데이인	NEAX2400	1991	●	×	×	●	×	×	×	▲	×	●
	노보텔독산	MERIDIAN-1	1997	●	●	●	●	●	▲	▲	▲	●	●
	엘로에	삼성SDX-VL2	1992	●	×	×	●	×	×	×	▲	×	●

주: 연구자 작성.　　(●: 도입, ▲: 일부도입, ×: 미도입)

국내호텔 자동화 시스템 현황을 보면 전화 서비스 및 전화 요금 자동 계산을 위한 전화자동 요금산출시스템을 가장 많이 운영하고 있고 고객 부재 시 메시지 전달을 위한 음성사서함 시스템 및 텔레비전을 이용한 고객사용 내역 조사 및 체크아웃, 호텔정보 안내를 위한 객실 내에 화상시스템을 설치하였으나 특2급 호텔에서는 사설교환기기에 이러한 기능이 없어 아직 제공되지 않고 있다.

특히, 컴퓨터를 이용한 정보제공 및 전자우편 송·수신의 요구가 증가함에 따라 특1급 호텔에서는 각 객실 및 비즈니스센터에 정보통신을 활용할 수 있는 환경을 설정하여 고객들에게 서비스를 하고 있어 고객으로부터 좋은 반응을 주고 있으며 특2급 호텔에서도 2000년 밀레니엄 이벤트를 대비한 자동화 서비스제공을 위한 사설교환기기 교체가 이루어져야 한다고 현장방문 조사 시 토의되었다.

조사결과 롯데호텔 소공동과 팔레스호텔은 향상된 새로운 사설교환기 장치를 교체 계획을 가지고 있고 그외 특2급 호텔은 시스템 가격의 고가로 인하여 예산 편성에 어려움을 겪고 있으나 고객의 정보화 생활 패턴에 의해 새로운 시스템 도입은 불가피하다고 보았다. 이상 호텔서비스업에서 설치 운영되는 사설교환기기의 상황을 분석하면 첫째, 호텔등급에 관계없이 외국인에 의해 경영되는 호텔은 자동화 서비스 시스템을 도입하는 반면 순수한 국내 호텔 경우 기본적인 자동화 서비스만 제공하고 있다.

둘째, 특1급 대다수 호텔이 외국산 호텔 전용 사설교환기를 도입한 반면 특2급 호텔은 삼성, 금성과 같은 국내 전자회사에서 제작된 소규모의 사설교환기를 도입하여 사용하고 있어 용량이나 서비스 기능에 대한 한계점이 있다.

셋째, 자동화 서비스 시스템 중 컴퓨터를 이용한 서비스 환경은 아직 미흡한 실정이었고 객실에 팩스기기를 설친 한 경우도 귀빈층 위주로 설치되어 있다.

따라서 정보시스템을 통한 고객서비스의 한계는 호텔경영방식, 호텔을 이용하는 고객의 형태, 호텔자본능력, 호텔경영주의 정보화 마인드에 따라 차별화되고 있음을 알 수 있다.

2) 프론트오피스·백오피스·업장관리시스템 현황

우리나라 호텔서비스업에 설치 운영되는 호텔정보시스템은 대부분 체인호텔의 시스템을 모델로 하여 세계의 호텔정보시스템 흐름에 따라 설치된다. 이는 체인호텔의 전산본부에서 정보시스템을 선택 및 구축을 하고 있기 때문이다. 이러한 현상을 서울에 위치한 특1급 호텔의 정보시스템 현황을 〈표 8〉에서 알 수 있으며 본 연구의 호텔정보시스템 서비스 품질을 평가하는 데 기준이 된다.

<표 8> 프론트오피스·백오피스·업장관리시스템 현황
(2000년 8월 통계)

호텔명 \ 시스템명	프론트오피스	백오피스	업장관리 POS
신라	HIS		MICROS POS
하얏트	FIDELIO		MICROS POS
힐튼	FIDELIO		MICROS POS
래디슨프라자	FIDELIO		NCR
웨스틴조선	FIDELIO		MICROS POS
롯데소공동	자체개발	호텔의 경영 특성에 따라 외국패키지 시스템도입 및 자체개발 또는 국내용역회사를 통한정보 시스템	NEC
롯데잠실	자체개발		NEC
스위스그랜드	FIDELIO		MICROS POS
쉐라톤워커힐	GEAC		PC-POS
인터컨티넨탈	FIDELIO		MICROS POS
아셈인터컨티넨탈	FIDELIO		MICROS POS
리츠칼튼	HIS		MICROS POS
아미가	CSS		PC-POS
르네상스	FIDELIO		MICROS POS
메리엇트	FIDELIO		MICROS POS

주: 연구자 작성.

3) 호텔정보시스템의 문제점

호텔정보시스템의 문제점을 경영자측면에서 보면 첫째, 투자비용이 많이 들고, 개발기간이 길며 좋은 정보시스템을 선별하기가 어렵다. 특히, 체인호텔 경영진들은 호텔경영전략을 수립하기 위한 풍부한 정보제공이 미흡하다고 한다. 이는 체인호텔에서 추천하고 구축하는 소프트웨어의 특징이 호텔종사원 업무 운영위주로 개발되어 있기 때문이다. 또한 경영전략수립을 하기 위한 정보가 출력이 되고 있으나 한 국식 보고서 형식이 아니며 한글로 되어 있지 않기 때문이다. 이로 인 하여 현업 부서에서는 이중 작업을 하고 있는 것도 사실이다. 현실성 있는 정보시스템을 구축하기 위해서 대부분의 체인호텔은 백오피스 시스템을 자체개발 또는 용역업체를 통하여 한국식으로 정보시스템 을 구축하고 있다. 또한 여기서 파생되는 문제는 여러 가지 종류의 정 보시스템을 운영하다 보니 정보를 일괄적으로 수집이 될 수 없다는 것이다. 사용자 측면에서의 문제점은 프론트오피스 및 업장 관리 정 보시스템 경우가 많은데 주로 고객들이 서비스를 기다리고 있을 때 정보시스템의 고장이다. 서비스를 제공 못함으로 고객으로부터 불평 을 할 때는 직장을 그만 두고 싶다는 경우도 있다. 특히, 외국인들은 이해를 하는데 한국인들은 이해를 못하는 경우가 많다는 것을 보면 정보시스템에 대한 이해가 많이 필요하다.

호텔정보시스템 중 가장 많이 일어나는 문제점은 PABX를 이용 한 서비스 시스템인데 그중 고객 부재 시 메시지를 남겨주는 Voice Mail System으로 고객이 청취하기 전에 메시지가 삭제되는 경우, 청취 후에도 메시지 램프가 계속 켜져 있는 경우가 많다고 한다. 또한 업장관리시스템에서 프론트오피스시스템으로 자료를 전송시키 는 과정에서 이중으로 전송되는 경우, 전송이 되지 않는 경우 등 자료전송에 대한 문제점이 많다. 이러한 문제점들은 서로 다른 종 류인 정보시스템을 운영하는 호텔정보시스템의 특징으로 야기되는 사항으로 지속적으로 문제점을 해결하기 위하여 연구하고 있다. 제 공자 측면에서 보면 사용자들이 정보시스템은 요술방망이로 여기는 생각으로 인하여 정보시스템 문제점 발생에 대하여 이해를 하려고 들지 않는다는 것이다.

제3장 연구방법과 설계

제1절 연구 모형

1. 연구대상

조사된 바와 같이 호텔마다 공통적인 업무를 수행함에 있어 프론트오피스시스템은 FIDELIO라는 외국패키지를 도입하여 운영하고 있다. 이는 고객에 대한 서비스를 국제적인 정보시스템을 구축하여 선진국 못지않은 서비스를 하고자 하는 호텔경영자의 의지이다. 그러나 모든 정보가 영어로만 통용되는 정보시스템으로 비즈니스 성격의 호텔이 아닌 일반 관광호텔에서는 이들 시스템 이용은 무리가 따를 것이다. 그러나 전 세계적으로 운영되는 체인호텔인 경우는 선진국, 후진국 관계없이 동시다발적으로 정보시스템을 업그레이드를 할 수 있고 효율적으로 운영할 수 있기 때문에 프론트오피스시스템은 공통적으로 운영하고 있다.

현재 우리나라의 숙박업의 수는 541개이며 이 중 특1급 호텔은 서울 14개, 제주도가 2개이다(한국관광협회중앙회, 2000). 연구대상 호텔은 서울에 위치한 특급호텔로 정보시스템인 프론트오피스시스템을 FIDELIO로 운영되고 업장에서는 MICROS POS로 운영되며, 특급호텔중 이를 시스템을 모델로 하여 국내기술로 개발 운영되는 호텔을 조사대상으로 하였다.

〈표 9〉 연구대상 호텔정보시스템 현황 (2000년 3월 통계)

구 분	호텔명	정보시스템	
		F/O	POS
예비단계	웨스틴조선호텔서울	FIDELIO	MICROS
예비조사	호텔리츠칼튼서울	HIS	MICROS
	르네상스서울호텔	FIDELIO	MICROS
본 조사	서울힐튼호텔, 스위스그랜드호텔서울, 호텔인터컨티넨탈서울	FIDELIO	MICROS
	래디슨서울프라자호텔	FIDELIO	NCR
	노보텔앰배서더독산서울호텔, 호텔소피텔앰배서더, 노보텔앰배서더강남서울호텔	FIDELIO	MICROS
	올림피아호텔서울	PCOMS	PCOMS

주: 연구자 작성.

이유는 현재 우리나라 특급호텔에서 구축하고 있는 시스템이 대부분 해당 모델이며 세계적으로 보급되고 있는 모델로 조사상 형평성이 있다고 본다. 연구대상 호텔정보시스템 현황을 구체적으로 조사하면 〈표 9〉와 같다.

2. 연구절차 및 모형

본 연구의 단계는 경영정보를 기초로 한 연구단계, 마케팅을 응용한 개발단계, 호텔서비스업에 적용한 응용단계를 구분할 수 있으며 연구절차는 〈표 10〉과 같다.

〈표 10〉 연구절차

단 계	내 용	출 처
연구 단계	80년대 메인컴퓨터 환경에서의 정보시스템 성공 6 요인 DeLone & McLean (1992년 발표) / 정보의 질, 시스템의 질, 조직에의 영향, 사용빈도, 정보시스템 성공요인, 사용자 만족, 개인에의 영향, 서비스 질 / 90년대 1인1대의 퍼스널컴퓨터 환경에서의 정보시스템 성공요인 **서비스 질추가** Pitt & Watson (95 년 발표)	경영 정보
개발 단계	○ 정보시스템 서비스 품질 측정 모형을 PZB의 SERVQUAL 모형에 적용가능 여부를 3차례 실증연구를 통하여 검증. (발표: Pitt & Watson, MIS Quarterly, 95, 97, 98) ○ 호텔정보시스템 서비스 품질 평가에도 Pitt & Watson이론이 가능한지 실증 연구를 통하여 확인과 동시에 호텔정보시스템 서비스 품질 모형 개발.	경영 정보/ 마케팅
응용 단계	호텔서비스 향상을 위한 영향요인 중 호텔종사원의 서비스와 관련된 인적요소 개발중요. 인적서비스 영향요인: Team building, 직무만족, 이직률, 스트레스 등 직무만족 영향요인: 보상, 직무평가, 직무관련 감정, 신뢰와 조화 등 정보화 사회에서 인적서비스 및 업무를 하기 위한 도구가 정보시스템 환경에서 달성됨으로 정보시스템 서비스 질과 인적서비스 및 직무만족 간의 영향력도 연구 대상이 된다.	호텔

주: 연구자 작성.

그리고 연구 모형은 PZB의 SERVQUAL 모형 5차원인 첫째, 유형성차원의 외적시설 및 설비 그리고 종업원의 용모, 둘째, 신뢰성차원의 약속한 서비스를 정확하게 수행하는 능력, 셋째, 책임성 차원인 고객을 기꺼이 돕고 즉시 서비스를 제공하겠다는 마음가짐, 넷째, 확실성차원의 정중한 예절 및 신뢰와 확신을 주는 직원들의 지식과 능력, 다섯째, 공감성 차원의 고객에게 제공하는 개인적인 관심과 주의 차원을 기준으로 Pitt와 Watson이 도출한 정보시스템 서비스 품질 속성을 근거로 하였다. 그리고 사용자 인터뷰 및 패널 토의로 통한 1차원 15개 속성을 추가한 호텔정보시스템 서비스 품질 35개를 측정 항목으로 하였다. 종사원 인적서비스는 김민주가 개발한 인적서비스 구성요인으로 측정 항목을 정했다.

그리고 종사원 직무만족은 조긍호가 연구한 직무만족 구성요인 모델을 근거로 하여 구성요인을 재정리하였다. 호텔정보시스템 서비스 품질과 인적서비스 및 직무만족 간의 관계를 제시하면 [그림 9]와 같다.

[그림 9] 연구 모형

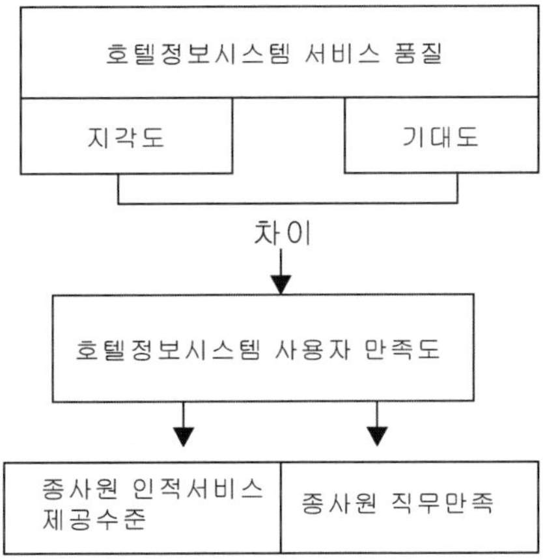

호텔정보시스템 서비스 품질

지각도　　　기대도

차이

호텔정보시스템 사용자 만족도

종사원 인적서비스 제공수준　　　종사원 직무만족

제2절 조사 설계

1. 설문지 구성과 조사방법

본 연구조사에서 설문지 구성은 1991년 Parasuraman, Zeithaml & Berry의 SERVQUAL 서비스 속성 모델 5개의 차원인 유형성, 신뢰성, 책임성, 확실성, 공감성에 포함된 22개의 서비스 구성항목을 정보시스템 서비스 품질 평가에 적용시켜 모델화한 Pitt & Watson의 서비스 속성 연구를 토대로 하였다. 그리고 1차 조사에서는 정보시스템 사용자인 호텔종사원과 직접면접을 하였고 2차 조사에서는 호텔정보시스템 개발회사의 패널토의를 통하여 평가하고자 하는 호텔정보시스템 서비스 품질을 측정하는 35개의 문항으로 호텔종사원이 기대하고 지각하는 호텔정보시스템 서비스 품질의 기대도와 지각도를 조사하였다.

그리고 인적서비스는 김민주가 개발한 25개 항목 중에서 22개를 사용하였고, 직무만족은 조긍호가 개발한 23개 항목 중 19개를 사용하였다. 호텔정보시스템 서비스 품질 , 인적서비스, 직무만족 항목 조사 방법은 7점 라이커트 척도법을 사용하였다. 라이커트척도 또는 합계척도는 토론의 여지가 있거나 논쟁의 여지가 있는 서술형 문항에 대해서 응답범주에 찬성 또는 반대의 정도를 응답자들에게 응답하도록 해서 응답자들의 응답점수를 합쳐서 응답자들의 태도를 측정하기 위한 것이다. 이외에 일반적인 특성인 근무연수, 근무 부서, 직책, 학력 등은 명목척도로 측정하였다.

본 설문조사는 호텔정보시스템 서비스 품질 속성에 대한 조사로 프론트오피스 및 업장관리시스템 모델이 동일한 하드웨어 및 소프트웨어를 구축하여 이용하는 서울에 위치한 특급 호텔을 대상으로 실시하였다. 설문지 구성은 〈표 11〉과 같다.

예비단계에서는 웨스틴조선호텔을 선정하여 2000년 8월에 실시하고 설문지 130매를 회수하였고, 예비조사는 리츠칼튼호텔, 르네상스 호텔을 선정하여 2000년 9월에 실시하고 설문지 130매를 회수하였다.

본 조사에서는 서울힐튼호텔, 스위스그랜드호텔서울, 호텔인터컨티넨탈서울, 래디슨서울프라자호텔, 노보텔앰배서더독산서울호텔, 호텔소피텔앰배서더, 노보텔앰배서더강남서울호텔, 올림피아호텔서울, 그랜드인터컨티넨탈호텔, 신라호텔을 대상으로 2000년 9월에 설문지 총 640매를 확보하였으나 주요 설문항목에 대한 응답누락으로 분석에 적합하지 못하다고 판단된 75매를 제외한 575매를 최종 분석대상으로 하였다. 설문지는 서울에 위치한 특급호텔을 대상으로 작성되었고 SPSS for Window와 SAS프로그램을 이용하였다.

<표 11> 설문지 구성

구 성	내 용		
	예비단계	예비조사	본 조사
대상호텔	웨스틴조선서울	리츠칼튼서울, 르네상스서울	서울힐튼호텔, 스위스그랜드호텔서울, 호텔인터컨티넨탈서울, 래디슨서울프라자호텔, 노보텔앰배서더독산서울, 호텔소피텔앰배서더, 노보텔앰배서더강남서울, 올림피아호텔서울
대상기준	프론트오피스시스템: FIDELIO, 업장관리시스템: MICROS	프론트오피스시스템: FIDELIO, HIS 업장관리시스템: MICROS	프론트오피스시스템: FIDELIO, HIS, PCOMS, 업장관리시스템: MICROS, NCR
대상자	호텔 종사원		
설문내용	호텔정보시스템 서비스 품질 & 인적서비스	호텔정보시스템 서비스 품질 & 인적서비스 & 직무만족	
구성언어	한국어		
설문매수	130매	130매	80매×8개 호텔＝640매

2. 자료의 분석절차 및 방법

본 연구는 예비준비단계를 걸쳐 예비조사를 수행하였다.

제1단계: 예비준비단계에서 정보시스템 서비스 품질 평가에 적용 모델화한 Pitt & Watson의 5차원의 서비스 속성 22문항을 번역하여 신뢰도 및 요인분석을 하여 호텔정보시스템 서비스 품질 측정으로 타당성이 있는지 검증하였고 김민주의 인적서비스 척도 25문항을 적용하여 신뢰도 및 요인분석을 하여 인적서비스 측정으로 타당성이 있는지 검증하였다.

제2단계: 정보시스템 서비스 품질 평가에 적용 모델화한 Pitt & Watson의 5차원의 서비스 속성 22개를 다시 번역하고 5차원을 의식하면서 우리 정서에 알맞은 문장으로 번역을 한 후 주한 외국인에게 검토한 후 패널토의를 통해 만들어진 15개 속성을 추가하여 총 35문항을 만들었고 인적서비스는 예비조사 결과에서 3문항을 제거하고 22문항을 만들었다. 그리고 예비준비단계와는 다르게 직무만족 19문항을 추가하여 조사하였다.

제3단계: 유형별 해당 호텔 선택, 조사대상자를 선택하여 설문지 조사를 실시하였다. 설문지의 구성은 크게 네 부분으로 나누어서 구성하였다.

1) 일반적인 사항인 자료의 분류를 위해 근무연수, 연령, 직책, 근무 부서에 대한 질문.
2) 호텔정보시스템 서비스에 기대하는 6차원 35개의 속성요인에 대한 질문.
3) 호텔정보시스템 서비스를 지각한 6차원 35개의 속성요인에 대한 질문.

4) 인적서비스 항목으로 호텔종사원의 인적서비스에 대한 질문.

5) 직무만족 항목으로 호텔종사원의 직무만족에 대한 질문.

6) 기타 사항으로 학력, 정보시스템 사용능력, 정보시스템의 중요도, 정보시스템과 직무만족 관계 등에 대한 질문을 하였다.

제4단계: 예비조사 결과를 토대로 본 조사 실시를 시행하여 호텔정보시스템 서비스 품질요인 척도를 개발하고 인적서비스와 직무만족 간의 관계를 분석하였다.

3. 조사 설계에 관한 실증적 자료의 수집

1) 응답자의 일반적인 특성

호텔종사원의 일반적 통계 특성을 호텔정보시스템 사용 부서인 객실관련 부서(마케팅포함), 관리 부서, 식음료 부서(주방 및 연회부 포함)를 대상으로 근무연수, 나이, 직책, 근무 부서, 학력, 전공, 정보시스템의 사용능력, 정보시스템에 의한 고객서비스, 정보시스템과 직무만족도관계, 정보시스템이 없다면 등으로 살펴보았다〈표 12〉. 조사표본의 부서별로 살펴보면 객실관련 정보시스템을 사용하는 부서는 196명(37.3%), 관리업무 정보시스템을 사용하는 부서는 169명(32.1%), 업장관리 정보시스템을 사용하는 부서는 161명(30.6%)으로 적절하게 구분되어 조사됨을 알 수 있다.

여러 가지 항목 중 특이할 만한 사항은 정보시스템에 의한 고객서비스의 중요도에서 "중요하다" 이상이 객실관련 부서 191명(97.4%), 관리 부서 167명(98.8%), 식음료 부서 161명(100%)으로 나타나 종업원이 고객서비스제공에 있어서 정보시스템의 역할이 매우 중요함을 보여주었다.

　정보시스템과 직무만족도의 관계에서도 "관계있다" 이상이 객실관련 부서 184명(93.9%), 관리 부서 156명(92.3%), 식음료 부서 153명(95.0%)으로 나타나 정보시스템에 의한 서비스가 종업원의 직무만족과 관계가 밀접한 것으로 나타났다. 마찬가지로 정보시스템이 없다면 어떻겠느냐에서도 "불편하다" 이상이 객실관련 부서 193명(98.5%), 관리 부서 166명(98.2%), 식음료 부서 151명(93.8%)으로 나타나 정보시스템이 없다면 불편해서 업무를 할 수 없는 실정임을 파악할 수 있다.

　이와 같이 호텔종사원에게 제공되는 정보시스템의 서비스는 궁극적으로 종사원의 직무만족을 통해 고객을 대상으로 서비스 품질을 높일 수 있는 장치이기도 하며 호텔정보시스템 서비스 품질을 향상시키면 업무의 효율성을 통하여 비용감소 및 매출증대에도 이바지할 수 있는 내부마케팅 역할을 할 수 있다고 보겠다.

94

〈표 12〉 본 조사 응답자의 일반적인 특성

구 분	내 용	빈도(명)		
		객실관련 부서 (마케팅포함)	관리부서	식음료 부서 (주방 및 연회부 포함)
근무연수	1년 이하	121	54	54
	2년에서 5년	-	27	44
	6년에서 7년	16	41	24
	10년 이상	59	47	39
나이	10대에서 20대	89	56	89
	30대	48	80	45
	40대	59	14	27
	50대 이상	-	10	-
직책	사원	105	90	124
	주임·계장	-	43	18
	대리	73	28	13
	과장	-	8	-
	차장 이상	18	-	6
	근무 부서	196	169	161
학력	중졸 이하	-	-	-
	고졸	8	24	4
	대졸	182	145	119
	대학원졸 이상	6	-	38
전공	관광관련	170	120	132
	비관광관련	26	49	29
정보시스템 사용능력	전혀 못한다	-	-	-
	못한다	-	-	-
	보통이다	67	91	58
	잘한다	124	60	88
	매우 잘한다	5	18	15
정보시스템에 의한 고객서비스	매우 중요하지 않다	-	-	-
	중요하지 않다	-	-	-
	보통이다	5	2	-
	중요하다	66	64	29
	매우 중요하다	125	103	132
정보시스템과 직무만족도	전혀 관계없다	-	-	-
	관계없다	-	-	-
	보통이다	12	13	8
	관계있다	164	133	141
	매우 관계있다	20	23	12
정보시스템이 없다면	전혀 불편하지 않다	-	-	-
	불편하지 않다	-	-	-
	보통이다	3	3	11
	불편하다	142	107	103
	매우 불편하다	51	59	47
총 계		196(37.3%)	169(32.1%)	161(30.6%)

4. 호텔정보시스템 서비스 품질의 항목 도출

1) 호텔정보시스템 사용자대상 서비스 품질 속성 도출

SERVQUAL 모형을 적용한 Pitt와 Watson이 개발한 정보시스템 서비스 품질 속성 5차원 22개 속성 외에 추가할 수 있는 속성을 조사하기 위해 서울에 위치한 8개 호텔을 선정하여 시스템 사용자를 대상으로 시스템 서비스에서 경험한 문제점을 면접조사방법 중 비표준화 면접을 실시하였다〈표 13〉. 이 방법을 사용한 이유는 면접 결과의 타당성이 높고 새로운 사실의 발견의 가능성이 높은 장점이 있기 때문이다(박석희, 1997).

〈표 13〉 시스템 사용자 정보시스템 서비스 속성

호텔명	표본수		조사 방법	도출된 정보시스템 서비스 문제 속성	건 수	
	명	%			명	%
하얏트	10	10.5		문제 발생 시 신속하게 오지 않는다.	92	18.1
힐튼	10	10.5		시스템 속도가 느리다.	19	3.7
래디슨프라자	10	10.5		시스템 다운이 잘된다.	43	8.5
웨스틴조선	20	21.1		문제 발생 시 전화를 걸면 전화를 잘 받지 않는다.	63	12.4
스위스그랜드	10	10.5	비표준화면접조사	출력되는 자료가 잘 맞지 않는다.	9	1.8
인터컨티넨탈	15	15.8		문제점 해결 시 해결 방법을 설명하지 않는다.	81	16.0
아셈인터컨티넨탈	10	10.5		문제가 발생했다고 화를 낸다.	44	8.7
르네상스	10	10.5		실정과 업무에 알맞은 시스템을 제공하지 않는다.	83	16.4
합 계	95	100		문제 해결 약속을 하고서는 지키지 않는다.	42	8.3

2) 호텔정보시스템 개발회사대상 서비스 품질 속성 도출

두 업체의 호텔정보시스템 개발 회사를 방문하여 개발자 입장에서 정보시스템 사용자가 필요로 하는 정보시스템 서비스 품질 속성에 대하여 패널토의를 통하여[10] 수집하였다〈표 14〉. 사용자의 속성과는 다르게 기술적인 측면에서 토의가 진행되었다. 그러나 사용자 입장에서 고객에게 시스템을 통해서 서비스 품질을 높일 수 있는 속성을 정리하였다.

〈표 14〉 정보시스템 개발회사의 서비스 속성

업체명	면접방법	도출된 서비스 속성요인
산하정보기술	패널토의	- 문제점 발생 시 신속한 대응 - 사용자의 교육 실시 - 노후한 된 하드웨어 장비 및 통신 장비 교체
PCOMS		- 충분한 용량 확보 - 새로운 환경의 소프트웨어 개발 - 한국 실정에 알맞은 시스템 운영 - 사용자 및 고객 수준에 알맞은 시스템 도입

결론적으로 Pitt와 Watson이 개발한 정보시스템 서비스 품질 속성 22개 속성과 면접 및 패널토의를 통한 속성 13개를 추가하여 전체 35개의 호텔정보시스템 서비스 속성을 도출하였다〈표 15〉.

---

10) 2000년 7월 1일 PCOMS(주)의 김태식 사장 및 개발자 5명과 패널토의 진행하였고 2000년 7월 2일 산하정보기술(주)의 손학기 사장 및 개발자 3명과 패널토의를 진행하였다.

〈표 15〉 호텔정보시스템 서비스 품질 속성

서비스 품질 속성
■ 현대적 하드웨어와 소프트웨어
■ 시각적으로 보기가 좋은 시설
■ 용모 및 복장이 단정한 직원
■ 업무에 필요한 기자재 준비
■ 충분한 용량 제공
■ 사용자와의 시간 약속
■ 사용자 문제를 해결하기 위한 성의
■ 믿을 수 있는 서비스
■ 약속한 시간에 제공되는 서비스
■ 실수 없는 업무
■ 언제 서비스가 제공될 것인지 알려 줄 것이다.
■ 신속한 서비스를 제공할 것이다.
■ 언제나 능동적으로 도움을 줄 것이다.
■ 항상 질문에 성실하게 대답할 것이다.
■ 문제점을 해결한 후 원인과 해결방법을 설명할 것이다.
■ 문제 해결을 빨리 해 줄 것이다.
■ 문제 발생 시 전화를 하면 즉시통화가 가능할 것이다.
■ 사용자에게 믿을 수 있게 행동할 것이다.
■ 일을 할 때 안정감을 느낄 것이다.
■ 예의바르고 공손할 것이다.
■ 업무에 대하여 정확하게 파악하고 있을 것이다.
■ 출력되는 자료는 정확할 것이다.
■ 문제 발생 시 화를 내지 않을 것이다.
■ 한번 발생한 문제는 ♠다시 일어나지 않을 것이다.
■ 시스템이 다운(down)없이 운영될 것이다.
■ 사용자에게 개인적인 관심을 기울일 것이다.
■ 사용자 업무시간에 편리하게 운영될 것이다.
■ 개인적 관심과 애정을 가지고 있을 것이다.
■ 사용자의 이익을 최우선으로 할 것이다.
■ 사용자의 필요한 내용을 이해하고 있을 것이다.
■ 사용자 개별 교육을 실시할 것이다.
■ 사용자 운영 교재가 제공될 것이다.
■ 업무에 알맞은 소프트웨어를 제공할 것이다.
■ 우리나라 실정에 알맞은 시스템을 제공할 것이다.
■ 사용자 수준에 알맞은 시스템을 제공할 것이다.

제3절 호텔정보시스템 서비스 품질 다항목척도의 개발

다항목척도의 개발은 첫째 도출항목의 척도화 작업, 둘째 서비스 품질 측정 항목의 타당도를 검증하기 위한 예비조사, 셋째 실증적 자료의 수집, 그리고 마지막으로 실증적 자료에 근거한 다항목척도의 평정화 작업을 포함한다.

1. 척도화 작업

도출한 35개 항목을 척도화하기 위해 기대치 측정에서는 "전혀 기대않는다"를 1점, "매우 기대한다"를 7점, 지각치 측정에서는 "전혀 경험 안했다"를 1점, "매우 경험했다"를 7점, 그리고 "보통이다"를 4점으로 하는 라이커트(Likert)척도를 개발하였다.

호텔정보시스템 서비스 품질에 관한 기대수준은 예비단계에서는 웨스틴조선호텔, 예비조사에서는 리츠칼튼호텔서울, 르네상스호텔서울, 본 조사에서는 서울힐튼호텔, 스위스그랜드호텔서울, 호텔인터컨티넨탈서울, 래디슨서울프라자호텔, 노보텔앰배서더독산서울, 호텔소피텔앰배서더, 노보텔앰배서더강남서울, 올림피아호텔서울 등 호텔정보시스템 서비스가 일반적으로 갖추어야 될 35개 항목들에 있어서 어느 정도 수준이면 만족할 수 있는지에 관한 7점 라이커트 척도에 의해 측정되었다.

또한 호텔정보시스템 서비스에 대한 지각수준은 실제로 경험했던 서비스에 대하여 35개 항목별로 어떻게 평가하는지에 관한 7점 라이커트 척도에 의해 측정되었다.

호텔정보시스템 서비스 품질의 기대치 측정에 있어서 각 항목은 "할 것이다"식으로 기술되었으며 지각치 측정을 위한 각 항목들은 "하였다"식으로 기술되었다.

2. 예비조사의 시행

연구과제의 규명을 위한 실증 조사는 호텔정보시스템 서비스 품질 척도 구축을 위한 예비단계를 거쳐 예비조사와 본 조사로 나누어 진행되었다.

예비단계를 거친 이유는 Pitt와 Watson이 개발한 정보시스템 서비스 품질 측정 22개 항목 및 5개 요인이 호텔정보시스템 서비스 품질 측정에도 적용 될 수 있는가에 대한 검증을 실시하였다.

예비단계 자료를 분석한 결과 정보시스템 서비스 품질의 22개 항목에 대한 신뢰도는 높았으나 요인명이 의도한 대로 명명이 되지 않았다. 그 이유는 번역상의 문제 및 논자가 근무한 호텔 한곳을 직접 인터뷰를 하는 과정에서 설문지 조사결과치에 따른 종사원의 심리적 갈등이 작용하였다.

또한 강승모(1994)에 의하면 외국에서 개발된 설문항목은 번역상의 문제, 국가 간의 서비스 품질 문화적 차이가 있어 요인분석 결과가 차이가 날 수 있다고 지적하고 있다. 이러한 문제점을 해결하기 위하여 일차적으로 번역에 대한 문제점을 고려하여 한국어를 잘하는 원어민 교수의 도움으로 항목내용을 재정리하였다.

그리고 동서울대학 학생을 대상으로 설문내용의 구성요인을 검증한 후 예비조사에 들어갔다.

아무리 설문항목의 신뢰도가 높다 하더라도 요인이 의도한대로 묶어지지 않는 경우에는 설문내용의 번역상의 문제, 항목배치, 조사대상자 선정 등 변수가 많이 작용 한다는 것을 알 수 있었다.

예비조사에서는 예비단계와는 달리 호텔정보시스템 서비스 품질 측정도구에 적당한 설문 항목을 만들기 위하여 호텔정보시스템 전문가와 호텔정보시스템 사용자를 대상으로 패널토의 및 인터뷰를 통하여 새로운 설문지 문항 18개를 추가하여 총 35문항으로 도출하였다.

최종적으로 설문지 구성 형식의 재정리를 통하여 조사대상자의 진실한 답변을 받아내는 데 주력을 하였다.

1) 분석방법

분석방법으로는 설문지의 측정문항이 지닌 신뢰도와 적합도를 검토하였으며, 본 연구의 논제인 호텔정보시스템 서비스 품질 측정요인을 확인하고, 호텔종사원의 인적서비스와 직무만족에 관련한 부수적인 연구가 시도되었다.

신뢰성의 측정 방법에는 재검사법(test-retest method), 반분법(split-half method), 크론바하 알파계수(cronbach's α coeffcient) 등이 있다.

본 연구에서는 설문지의 신뢰성을 검증하기 위하여 척도의 신뢰도는 크론바하 알파계수에 의하여 산출하였다. 일반적으로 집단을 측정 대상으로 할 때는 0.6 이상, 개인을 측정대상으로 할 때는 0.8

이상일 때 신뢰도가 높다고 말한다(김사헌, 2000). 본 연구에서는 크론바하 알파계수가 0.80 이상인 문항들만을 구성개념 측정도구로 사용하였다.

　측정 항목의 타당도를 검증하기 위하여 표면타당도(face validity), 내용타당도(content validity), 구성타당도(construct validity)를 검증하였다. 표면타당도는 측정 항목을 구성하는 데 있어 내용타당도는 CV(변이계수)를 이용하였고, 구성타당도는 요인분석의 요인구조를 통하여 집중타당도와 판별타당도를 검증하였다.

　내용타당도를 검증하기 위한 변이계수(CV: coefficient of variation)는 평균에 대한 표준편차의 비로 정의되며 이는 곧 상대적으로 퍼져있는 정도를 나타내는 척도임을 의미한다(이순묵, 1995). 이와 같은 변화량 계수는 CV＝표준편차/평균의 백분율의 공식으로 구할 수 있다. 변이계수는 서로 다른 여러 통계실험이나 통계적 조사 그리고 동일한 특성을 공유하는 여러 문항의 결과를 정량화하여 비교할 경우 사용되며 여러 문항에 걸쳐 일정한 변이계수값이 나오면 자료가 내용타당도를 가진다고 한다.

　직교회전인 Varimax방식에 의하여 한 요인으로 추출된 문항들의 요인계수는 0.30 이상이면 내용타당도가 있다고 볼 수 있다. 또한 요인분석을 통하여 판별타당도(discriminant validity)와 집중타당도(convergent validity)를 살펴봄으로써 측정개념의 구성타당도(construct validity)를 검토하였다. 판별타당도는 서로 다른 개념을 측정했을 때 얻어진 측정치들 간에는 상관관계가 낮아야 한다는 것으로 상이한 같은 측정방법을 사용하여 측정하였을 때 두 개념을 측정한 측정치들의 상관계수가 낮게 나왔다면 그 측정 항목은 판별타당도를 가진다고 할 수 있다. 집중타당도는 동일한 개념을 측정하기 위하여 아주 다른 두 가지 측정 항목에 의하여 얻어진 측정치들 간에 높은 상관관계를 가져야 한다는 것으로 상관관계가 높으면 집중타당도를 가진다고 할 수 있다.

구성항목의 적합도는 본 연구에서는 각 구성개념의 타당도를 높이기 위하여 요인분석 결과 요인 적재 값이 0.50 이상인 문항만 추출하였는데, 요인분석에서 제공되는 MSA(Measurement Sample Adaquacy)값을 이용하여 표본의 적합도를 검증하였다. MSA는 어느 두 변수의 짝을 제외한 나머지 모든 변수를 제외시킬 경우, 그 두 변수 사이의 편상관계수(partial negative anti-image correlation)와 표본추출적합성에 관한 Kaiser의 척도이다. MSA의 값은 일상적인 상관계수와 편상관계수와의 차이에 상대적인 비례 값을 계산한 것으로 값이 0.8 이상이면 아주 좋은 통계량이 되며 0.5 이하일 때는 그 변수에 대하여 부적절하다.

요인분석은 주축요인법을 사용하였고 공통변량(communality)의 초기값은 중다상관자승치로 하였으며 요인구조의 회전은 직각 회전방식인 Varimax 방식을 사용하였다. 이렇게 문항들 간의 상관행렬을 SPSS WIN을 사용하여 주축요인법으로 분석한 후 아이겐 값은 1.0 이상인 요인들과 설명변량의 비율 등을 고려하여 요인구조를 산출하였다.

요인분석은 다변량분석방법의 하나로 변수들 간의 상관관계에 바탕을 두고 행하여지는 분석방법으로 기본 원리는 변수들 간의 상관관계가 높은 항목들을 하나의 요인으로 묶어내며 요인들 간에는 가능한 상호 독립성을 유지하도록 하는 것을 말한다. 그러므로 하나의 요인으로 묶어진 항목들은 동일한 개념을 측정하는 것으로 간주될 수 있으며 요인들 간에는 상관성이 최소로 유지되므로 각 요인들은 서로 상이한 개념이 된다. 즉, 요인분석은 현실 사회에서 존재하는 수많은 요인 중에서 비슷한 성향을 갖고 있는 요인이 존재하는지를 추적하여 몇 개의 그룹으로 묶는 데 사용하는 통계기법이다.

2) 예비조사 분석

예비단계 조사결과, KMO측도는 변수쌍들 간의 상관관계가 다른 변수에 의해 잘 설명되는 정도를 나타내는 것으로 호텔정보시스템 서비스 품질의 KMO값이 0.905로 변수 간의 상관관계가 다른 변수에 의해 잘 설명되는 정도가 0.9 이상임으로 상당히 좋은 것으로 나타났으며 공통성은 추출된 요인에 의해 설명되는 비율로서 76%가 설명된다고 볼 수 있다. 커뮤날리티가 낮은 변수는 보통 0.4 이하이면 낮다고 봄으로 요인분석에서 제외됨이 좋으나 제외될 항목은 없다. 초기 아이겐 값은 1요인 15.049, 2요인 1.208, 3요인 1.007로 각각 68.403%, 5.491%, 4.577%를 설명하여 전체 78.471%로 나타났으며 첫 번째 요인의 설명력이 너무 높았다.

또한 요인분석에서 제공되는 MSA을 이용한 구성항목의 적합도 0.8로 아주 통계량이 좋았다. 예비단계 측정척도의 신뢰도 분석결과를 보면 총 22개의 개발항목의 신뢰도는 0.978 이상으로 매우 높게 나타났으며 전체 항목에 대한 크론바흐 알파 값은 0.978로 호텔정보시스템 서비스 품질 측정을 위한 세부 항목은 신뢰도를 갖고 있는 것으로 분석 되었다〈부록 1-5〉. 신뢰성과 타당성이 인정된 22개의 세부 항목들을 요인분석한 결과를 〈부록 1-6〉에서 살펴보면 총 5개의 구성요인이 3개 요인으로 축약되었으며 총분산의 설명력은 78.471%이었다. 따라서 본 연구에 호텔정보시스템 품질을 측정하기 위해 사용된 세부 항목들은 타당도가 있다고 볼 수는 있으나 외견 타당도(face validity)가 낮아 요인명을 설명할 수가 없었다. 예비조사 측정척도의 신뢰도 분석결과 〈표 16〉을 보면 총 35개의 개발항목의 신뢰도는 0.96이상으로 매우 높게 나타났으며 전체 항목에 대한 크론바흐알파 값은 0.96으로 호텔정보시스템 서비스 품질 측정을 위한 세부 항목은 신뢰도를 갖고 있는 것으로 분석되었다.

KMO값이 0.874로 변수 간의 상관관계가 다른 변수에 의해 잘 설명되는 정도가 0.8 이상임으로 꽤 좋은 것으로 나타났으며 공통성은 추출된 요인에 의해 설명되는 비율이 0.947로 95%가 설명된다고 볼 수 있다. 커뮤날리티가 낮은 변수는 요인분석에서 제외됨이 좋으나 제외될 문항이 없다.

추출된 6개의 요인의 고유치는 각각 17.127, 3.597, 2.448, 1.826, 1.462, 1.071이며 유형성요인은 48.934%, 공감성요인은 10.277%, 응답성요인은 6.995%, 신뢰성요인은 5.216%, 확실성요인은 4.176%, 적합성요인은 3.059%를 설명함으로써 전체 78.657%를 설명하고 있다〈표 17〉.

〈표 16〉 품질 측정척도의 신뢰도 및 적합도 검증(예비조사)

세 부 항 목 ＼ 구 분	평균값	표준편차	수정전 항목상 관계수	항목제 거시알 파계수	MSA
1. 최신의 하드웨어와 소프트웨어를 가지고 있었다.	0.82	1.25	0.9716	0.9559	0.807
2. 전산시설은 시각적으로 보기가 좋았다.	0.55	1.26	0.8612	0.9556	0.948
3. 전산직원들은 용모와 복장이 단정하였다.	0.71	1.24	0.8848	0.9556	0.943
4. 업무에 필요한 기자재를 갖추고 있었다.	0.69	1.28	0.9250	0.9554	0.896
5. 충분한 용량을 제공하였다.	0.47	1.21	0.8328	0.9557	0.886
6. 우리와의 시간 약속을 지켰다.	0.38	1.09	0.7925	0.9561	0.933
7. 우리의 문제를 해결하기 위해 성의를 다 했다.	0.35	1.20	0.8334	0.9562	0.917
8. 제공한 서비스는 믿을 수 있었다.	0.09	1.30	0.8915	0.9559	0.856
9. 약속한 시간에 서비스를 제공하였다.	0.25	1.38	0.9282	0.9559	0.856
10. 업무 진행상 실수는 없었다.	0.59	1.31	0.8211	0.9557	0.843
11. 언제 서비스가 제공될 것인지 알려 주었다.	0.69	1.50	0.9322	0.9555	0.860
12. 신속한 서비스를 제공하였다.	0.55	1.58	0.9193	0.9557	0.873
13. 언제나 능동적으로 도움을 주었다.	0.35	1.70	0.7722	0.9557	0.928
14. 항상 질문에 성실하게 대답하였다.	0.71	1.56	0.7565	0.9566	0.785
15. 문제점을 해결한 후 원인과 해결방법을 설명하였다.	0.44	1.51	0.8688	0.9559	0.855
16. 문제점을 빨리 해결해 주었다.	0.45	1.74	0.8657	0.9553	0.931
17. 문제 발생 시 전화를 하면 즉시통화가 가능하였다.	0.58	1.62	0.8888	0.9549	0.905
18. 우리에게 믿을 수 있게 행동하였다.	0.52	1.62	0.8877	0.9553	0.917
19. 안정감을 느끼게 일을 하였다.	0.37	1.86	0.9010	0.9565	0.805
20. 예의바르고 공손하였다.	0.17	1.50	0.8798	0.9558	0.827
21. 업무에 대하여 정확하게 파악하고 있었다.	0.15	1.81	0.8374	0.9556	0.928
22. 출력되는 자료는 정확하였다.	0.45	1.57	0.8271	0.9556	0.853
23. 문제 발생 시에 화를 내지 않았다.	0.75	1.26	0.9561	0.9560	0.790
24. 한번 발생한 문제는 다시 일어나지 않았다.	0.29	1.90	0.8876	0.9547	0.896
25. 시스템 고장 없이 운영되었다.	0.42	1.47	0.8092	0.9558	0.893
26. 우리에게 개인적인 관심을 기울어 주었다.	0.64	1.56	0.9447	0.9552	0.804
27. 우리의 업무시간에 편리하게 운영되었다.	0.35	1.72	0.8369	0.9556	0.887
28. 우리에 대하여 개인적 관심과 애정을 가지고 있었다.	0.54	1.44	0.8159	0.9558	0.897
29. 우리의 이익을 최우선으로 하였다.	0.66	1.44	0.7819	0.9555	0.938
30. 우리가 필요한 내용을 이해하고 있었다.	0.41	1.61	0.8750	0.9548	0.897
31. 우리에게 개인별로 교육을 실시하였다.	0.52	1.43	0.8639	0.9552	0.909
32. 우리에게 운영 교재를 제공하였다.	0.50	1.29	0.8940	0.9552	0.893
33. 업무에 알맞은 소프트웨어를 제공하였다.	0.70	1.41	0.8700	0.9615	0.788
34. 우리 실정에 알맞은 시스템을 제공하였다.	0.76	1.45	0.8775	0.9620	0.715
35. 우리 수준에 알맞은 시스템을 제공하였다.	0.86	1.49	0.7789	0.9606	0.628

주: 전체 신뢰도 알파(표준화 알파) = 0.9574(0.9582)

　문제점이라 하면 고유치가 요인 1인 유형성에 치중한 것인데 이유는 설문조사대상자 중 정보시스템 업무와 관련이 없는 부서인 주방이나 경비 분야의 종사원으로 야기된 문제로 보고 본 조사 때에는 조사대상 선발에 주의를 하였다.

<표 17> 품질에 대한 요인분석(예비조사)

내 용	아이겐값	요인적재값	커뮤넬리티	분산설명력(%)
요인 1: 유형성	17.127			48.934
최신의 하드웨어와 소프트웨어		0.920	0.947	
문제 발생 시 화를 내지 않음		0.875	0.874	
시각적으로 보기 좋은 전산시설		0.836	0.870	
업무에 필요한 기자재 준비		0.815	0.872	
단정한 전산직원의 용모와 복장		0.796	0.841	
충분한 컴퓨터 용량		0.648	0.729	
요인 2: 공감성	3.597			10.277
업무시간에 편리하게 운영		0.744	0.786	
개인별 교육실시		0.709	0.784	
개인적인 관심과 애정		0.708	0.686	
운영 교재 제공		0.675	0.782	
개인적인 관심		0.657	0.807	
고장 없는 시스템 운영		0.621	0.723	
이익을 최우선		0.619	0.693	
필요한 내용을 이해		0.599	0.791	
한번 발생한 문제점 재발생 않음		0.489	0.606	
요인 3: 응답성	2.448			6.995
질문에 대하여 성실한 대답		0.722	0.699	
문제점 해결 후 원인과 해결방법 설명		0.717	0.754	
능동적인 도움		0.699	0.723	
빠른 문제점 해결		0.671	0.779	
신속한 서비스제공		0.613	0.809	
서비스제공시간 통보		0.543	0.834	
문제점 발생 시 즉시통화 가능		0.539	0.748	
요인 4: 신뢰성	1.826			5.216
약속한 시간에 서비스제공		0.832	0.893	
문제 해결을 위한 노력		0.811	0.797	
믿을 수 있는 서비스		0.790	0.816	
시간약속		0.648	0.660	
업무 진행의 실수		0.551	0.615	

내 용	아이젠값	요인적재값	커뮤넬리티	분산설명력(%)
요인 5: 확실성	1.462			4.176
안정감을 느끼게 업무함		0.855	0.861	
업무에 대한 정확한 파악		0.736	0.797	
예의바르고 공손		0.694	0.769	
믿을 수 있는 행동		0.631	0.846	
정확한 출력 자료		0.506	0.642	
요인 6: 적합성	1.071			3.059
업무에 알맞은 소프트웨어 제공		0.921	0.900	
우리나라 실정에 알맞은 시스템 제공		0.882	0.856	
사용자수준에 알맞은 시스템 제공		0.815	0.742	

주: 전체 설명력: 78.657%

3. 다항목척도의 평정화 작업

다항목척도의 평정화 작업은 자기기입식 설문조사에 의해 수집된 실증적 자료를 바탕으로 첫째, 신뢰도측정을 위해 각 구성 영역별 크론바흐알파계수를 산정하고 둘째, 각 구성 영역별 개별 항목 대 전체 항목 상관계수가 낮은 것을 제거한 후 증가된 알파계수를 다시 산정한 후 최종항목을 확정한다.

여기서 평정화 작업은 인지치와 기대치의 차이를 대상으로 시행되었다. 호텔정보시스템 서비스 품질을 측정하는 35개 항목 전체 알파계수를 산정한 결과 0.9574로 신뢰도가 매우 양호한 편이었다. 그리고 요인분석에서 제공되는 MSA을 이용한 구성항목의 적합도 0.7 이상으로 통계량이 좋았다.

요인분석 결과 공감성 요인에 해당되는 항목인 "한번 발생한 문제점은 재발생하지 않는다"는 요인적재 값이 0.5 이하인 0.489가 되었으나 본 조사에서도 사용하였다. 따라서 호텔정보시스템 서비스 품질을 평가하는 측정요인 35개를 신뢰도 및 적합도 분석을 통하여 최종 확정되었다. 본 조사에서도 호텔정보시스템 서비스 품질 세부 항목을 측정하기 위하여 예비조사를 통해 검증된 35개의 세부 항목들을 본 조사를 통하여 신뢰도 및 적합도를 재검증하였다.

본 조사에서 사용한 세부 항목들이 호텔정보시스템 품질을 일관성 있게 측정하고 있는가를 파악하기 위해 항목별 알파계수를 분석하여 신뢰도를 검증하였다. 또한 요인분석에서 제공되는 MSA 값을 이용하여 표본의 적합도를 검증하였다. 본 조사에서 호텔정보시스템 서비스 품질이 〈표 18〉에 나타난 것처럼 세부 항목들의 동질성이 상당히 높은 것을 알 수 있으며, 또한 신뢰도 알파와 표준화 알파치의 차이가 거의 없어 신뢰도 알파치의 대표성을 더욱 뒷받침해 주고 있다. 호텔정보시스템 서비스 품질 측정척도의 신뢰도 분석결과를 보면 총 35개의 개별 항목의 신뢰도는 0.96 이상으로 매우 높게 나타났으며 전체 항목에 대한 알파계수는 0.96으로 호텔정보시스템 서비스 품질 측정을 위한 세부 항목은 신뢰도를 갖고 있는 것으로 분석 되었다. 또한 본 연구의 호텔정보시스템 서비스 품질 측정을 위한 세부 항목의 표본적합도 분석결과 요인분석을 위한 호텔정보시스템 서비스 품질 세부 항목 35개의 MSA 값이 0.6 이상으로 나타나 35개의 세부 항목 모두 요인분석에 적합한 것으로 판단할 수 있다.

〈표 18〉 품질 측정척도의 신뢰도 및 적합도 검증(본 조사)

세 부 항 목	평균값	표준편차	수정 전 항목상 관계 수	항목 제거 시 알파 계수	MSA
1. 현대적 하드웨어와 소프트웨어	0.73	1.23	0.9772	0.9546	0.825
2. 시각적으로 보기가 좋은 시설	0.49	1.20	0.8774	0.9544	0.934
3. 용모 및 복장이 단정한 직원	0.63	1.22	0.8972	0.9543	0.941
4. 업무에 필요한 기자재 준비	0.65	1.28	0.9280	0.9540	0.890
5. 충분한 용량 제공	0.48	1.18	0.8427	0.9544	0.884
6. 사용자와의 시간 약속	0.37	1.14	0.8408	0.9549	0.920
7. 사용자 문제를 해결하기 위한 성의	0.28	1.24	0.8418	0.9551	0.907
8. 믿을 수 있는 서비스	0.10	1.26	0.9021	0.9550	0.814
9. 약속한 시간에 제공되는 서비스	0.21	1.37	0.9319	0.9551	0.823
10. 실수 없는 업무	0.60	1.33	0.8361	0.9545	0.851
11. 언제 서비스가 제공될 것인지 알려 줄 것이다.	0.85	1.63	0.9414	0.9545	0.857
12. 신속한 서비스를 제공할 것이다.	0.72	1.70	0.9301	0.9548	0.872
13. 언제나 능동적으로 도움을 줄 것이다.	0.46	1.86	0.8189	0.9547	0.894
14. 항상 질문에 성실하게 대답할 것이다.	0.75	1.63	0.8138	0.9549	0.808
15. 문제점을 해결한 후 원인과 해결방법을 설명할 것이다.	0.60	1.55	0.9003	0.9542	0.860
16. 문제 해결을 빨리 해 줄 것이다.	0.59	1.80	0.8819	0.9538	0.933
17. 문제 발생 시 전화를 하면 즉시통화가 가능할 것이다.	0.66	1.64	0.9044	0.9536	0.910
18. 사용자에게 믿을 수 있게 행동할 것이다.	0.63	1.64	0.9114	0.9541	0.909
19. 일을 할 때 안정감을 느낄 것이다.	0.37	1.86	0.9210	0.9550	0.800
20. 예의바르고 공손할 것이다	0.23	1.52	0.9023	0.9544	0.824
21. 업무에 대하여 정확하게 파악하고 있을 것이다.	0.16	1.82	0.8444	0.9546	0.922
22. 출력되는 자료는 정확할 것이다	0.49	1.61	0.8467	0.9547	0.811
23. 문제 발생 시 화를 내지 않을 것이다.	0.70	1.24	0.9701	0.9546	0.814
24. 한번 발생한 문제는 일어나지 않을 것이다.	0.26	1.89	0.8928	0.9532	0.895
25. 시스템이 다운(down)없이 운영될 것이다.	0.40	1.45	0.8135	0.9547	0.873
26. 사용자에게 개인적인 관심을 기울일 것이다.	0.68	1.60	0.9501	0.9538	0.810
27. 사용자 업무시간에 편리하게 운영될 것이다.	0.39	1.84	0.8686	0.9540	0.895
28. 개인적 관심과 애정을 가지고 있을 것이다.	0.56	1.42	0.8486	0.9541	0.907
29. 사용자의 이익을 최우선으로 할 것이다.	0.65	1.56	0.8352	0.9541	0.937
30. 사용자의 필요한 내용을 이해하고 있을 것이다.	0.41	1.64	0.8858	0.9533	0.910
31. 사용자 개별 교육을 실시할 것이다.	0.50	1.56	0.8985	0.9538	0.906
32. 사용자 운영 교재가 제공될 것이다.	0.53	1.30	0.9064	0.9538	0.911
33. 업무에 알맞은 소프트웨어를 제공할 것이다.	0.88	1.50	0.9039	0.9607	0.815
34. 우리나라 실정에 알맞은 시스템을 제공할 것이다.	0.91	1.53	0.9017	0.9613	0.759
35. 사용자수준에 알맞은 시스템을 제공할 것이다.	1.02	1.59	0.8245	0.9595	0.629

주: 전체 신뢰도 알파(표준화 알파) = 0.9562(0.9579)

제4장 분석 및 고찰

제1절 다항목척도의 타당도 검증

본 연구에서는 호텔정보시스템 서비스 품질, 인적서비스, 직무만족의 측정척도의 타당도를 검증하기 위하여 내용타당도(content validity), 구성타당도(construct validity)를 검증하였다. 내용타당도는 변동계수(CV)를 이용하였으며, 구성타당도는 요인분석의 요인구조를 통하여 집중타당도와 판별타당도를 검증하였다.

1. 구성 영역의 확인

구성 영역의 확인은 신뢰도 및 적합도분석에 의해 정리된 35개 항목에 대한 요인분석에 의해 시행되었다. 추출된 6개 요인의 고유치는 각각 11.189, 3.886, 3.672, 2.802, 1.654, 1.251으로서 이것은 요인추출 기준으로 지정한 고유치 1 이상인 요인만 추출된 것을 알 수 있다. 고유치는 그 요인이 설명하는 분산의 양을 나타내므로 이 값이 큰 요인이 중요한 요인이 된다. 이 6개 요인 중 요인 1은 24.512%, 요인 2는 13.421%, 요인 3은 13.132%, 요인 4는 12.634%, 요인 5는 11.549%, 요인 6은 10.918%를 설명함으로써 전체 누적 89.166%를 설명하고 있다. 물론 요인 1인 가장 높은 설명을 하고 있다. 요인을 더 많이 추출하였다면 그 설명력은 89%보다는 높아질 것이지만 요인의 수가 많아진다는 단점이 있다. 요인분석결과 얻어진 호텔정보시스템 서비스 품질 측정척도의 구성요인을 유형성, 신뢰성, 응답성, 확실성, 공감성, 적합성으로 각각 명명하였다. 호텔정보시스템 서비스 품질 측정척도 개발과정을 통해서 본 연구에서는 35개의 세부 항목을 개발하였으며 이렇게 개발된 세부 항목을 요인분석 한 결과 〈표 19〉와 같이 6개의 구성요인을 도출하였다. 여기서 도출된 유형성은 정보시스템의 외적시설 및 설비 그리고 정보시스템 부서의 직원 용모로 서비스를 위하여 정보시스템 시설과 직원들의 외모가 잘 구비되고 있는가 하는 것에 대해서 측정하는 것을 말한다.

신뢰성은 정보시스템 사용자와 지원하겠다고 약속한 서비스를 정확하게 수행하는 능력을 측정하는 것으로 항목이 구성되어 있으며 응답성은 정보시스템 사용자를 기꺼이 돕고 즉시 서비스를 제공하겠다는 마음가짐을 측정한다.

〈표 19〉 호텔정보시스템 서비스 품질에 대한 요인분석(본 조사)

내　용	아이겐 값	요인적재 값	커뮤낼리티	분산설명력 (%)	크론바알파
요인 1: 공감성					
이익을 최우선	11.189	0.807	0.812	24.512	0.9536
개인적인 관심		0.795	0.742		
업무시간에 편리하게 운영		0.754	0.667		
운영 교재 제공		0.746	0.773		
개인별 교육실시		0.744	0.781		
개인적인 관심과 애정		0.714	0.829		
필요한 내용을 이해		0.679	0.780		
요인 2: 유형성	3.886			13.421	0.9549
최신의 하드웨어와 소프트웨어		0.839	0.944		
시각적으로 보기 좋은 전산시설		0.825	0.856		
업무에 필요한 기자재 준비		0.789	0.833		
단정한 전산직원의 용모와 복장		0.764	0.856		
충분한 컴퓨터 용량		0.651	0.716		
요인 3: 신뢰성	3.672			13.132	0.9595
약속한 시간에 서비스제공		0.868	0.753		
믿을 수 있는 서비스		0.855	0.813		
문제 해결을 위한 노력		0.846	0.835		
시간약속		0.762	0.895		
업무 진행의 실수		0.445	0.567		
요인 4: 확실성	2.802			12.634	0.9551
안정감을 느끼게 업무함		0.874	0.845		
업무에 대한 정확한 파악		0.775	0.881		
예의바르고 공손		0.729	0.788		
믿을 수 있는 행동		0.650	0.801		
정확한 출력 자료		0.515	0.565		
고장 없는 시스템 운영		0.504	0.911		
한번 발생한 문제점 재발생 않음		0.457	0.745		
문제 발생 시 화를 내지 않음		0.424	0.668		
요인 5: 적합성	1.654			11.549	0.9547
업무에 알맞은 소프트웨어 제공		0.925	0.877		
우리 실정에 알맞은 시스템 제공		0.858	0.802		
우리 수준에 알맞은 시스템 제공		0.793	0.724		
요인 6: 응답성	1.251			10.918	0.9607
문제점 해결 후 원인과 해결 방법설명		0.864	0.815		
질문에 대하여 성실한 대답		0.775	0.780		
문제점 발생 시 즉시통화 가능		0.721	0672		
빠른 문제점 해결		0.709	0627		
신속한 서비스제공		0.695	0.753		
서비스제공시간 통보		0.621	0.738		
능동적인 도움		0.517	0.760		

주: 전체 설명력: 89.166%

확실성은 정중한 예절 및 신뢰와 확신을 주는 직원들의 지식과 능력을 측정하며 공감성 정보시스템 사용자에게 제공하는 개인적인 관심과 주의로 구성된 항목을 말하며 적합성은 업무와 경영환경에 적당한 정보시스템을 조달하고 있는가와 관련된 항목으로 구성되어 있다〈표 20〉.

<표 20〉 호텔정보시스템 서비스 품질 측정척도

구성요인	세 부 항 목
유형성	최신의 하드웨어와 소프트웨어, 시각적으로 보기 좋은 전산시설, 단정한 전산직원의 용모와 복장, 업무에 필요한 기자재 준비, 충분한 컴퓨터 용량 (5항목)
신뢰성	시간약속, 문제 해결을 위한 노력, 믿을 수 있는 서비스, 약속한 시간에 서비스제공, 업무진행의 실수 (5항목)
응답성	서비스제공시간 통보, 신속한 서비스제공, 능동적인 도움, 질문에 대하여 성실한 대답, 문제점 해결 후 원인과 해결방법 설명, 빠른 문제점 해결, 문제점 발생 시 즉시통화 가능 (7항목)
확실성	믿을 수 있는 행동, 안정감을 느끼게 업무함, 예의바르고 공손, 업무에 대한 정확한 파악, 정확한 출력 자료, 고장 없는 시스템 운영, 한번 발생한 문제점 재발생 않음, 문제 발생 시 화를 내지 않음 (8항목)
공감성	개인적인 관심, 업무시간에 편리하게 운영, 개인적인 관심과 애정, 이익을 최우선, 필요한 내용을 이해, 개인별 교육실시, 운영교재제공(7항목)
적합성	업무에 알맞은 소프트웨어 제공, 우리 실정에 알맞은 시스템 제공, 우리 수준에 알맞은 시스템 제공(3항목)

2. 내용타당도

본 조사의 호텔정보시스템 서비스 품질 측정척도의 변동계수 결과는 각각 〈표 21〉과 같다. 표의 자료에서 보면 호텔정보시스템 서비스 질 35개 세부 항목의 변동계수는 100% 이하로서 고른 분포를 나타내고 있다. 따라서 모든 세부 항목들이 내용타당도를 가지는 것으로 분석되었다.

〈표 21〉 품질 측정척도의 검증평균값·표준편차·CV검증

구 분 세 부 항 목	기대도			지각도		
	평균값	표준편차	CV	평균값	표준편차	CV
1. 현대적 하드웨어와 소프트웨어	5.72	1.31	22.90	4.99	1.37	27.45
2. 시각적으로 보기가 좋은 시설	4.55	1.24	27.25	4.56	1.76	38.60
3. 용모 및 복장이 단정한 직원	4.60	1.35	29.35	4.51	1.75	38.80
4. 업무에 필요한 기자재 준비	5.09	1.28	24.15	4.67	1.84	39.40
5. 충분한 용량 제공	5.10	1.24	24.31	4.98	1.69	33.94
6. 사용자와의 시간 약속	5.35	1.62	30.28	5.00	1.82	36.40
7. 사용자 문제를 해결하기 위한 성의	5.16	1.41	27.33	4.62	1.78	38.53
8. 믿을 수 있는 서비스	4.83	1.47	30.43	4.67	1.83	39.19
9. 약속한 시간에 제공되는 서비스	4.91	1.40	28.51	4.89	1.61	32.92
10. 실수 없는 업무	5.18	1.45	27.99	4.86	1.69	34.77
11. 언제 서비스가 제공될 것인지 알려 줄 것이다.	5.18	1.45	27.99	4.68	1.84	39.32
12. 신속한 서비스를 제공할 것이다.	5.44	1.29	23.71	4.93	1.74	35.29
13. 언제나 능동적으로 도움을 줄 것이다.	5.04	1.42	28.17	4.79	1.76	36.74
14. 항상 질문에 성실하게 대답할 것이다.	5.41	1.38	25.51	4.73	1.76	37.21
15. 문제점을 해결한 후 원인과 해결방법을 설명할 것이다.	5.25	1.38	26.29	4.96	1.51	30.44
16. 문제 해결을 빨리 해 줄 것이다.	5.16	1.32	25.58	4.79	1.89	39.46
17. 문제 발생 시 전화를 하면 즉시통화가 가능할 것이다.	5.49	1.34	24.41	4.96	1.74	35.08
18. 사용자에게 믿을 수 있게 행동할 것이다.	5.01	1.37	27.35	4.61	1.83	39.70
19. 일을 할 때 안정감을 느낄 것이다.	4.92	1.59	32.32	4.73	1.75	37.00
20. 예의바르고 공손할 것이다.	4.71	1.48	31.42	4.65	1.87	40.22
21. 업무에 대하여 정확하게 파악하고 있을 것이다.	4.55	1.64	36.04	4.56	1.96	42.98
22. 출력되는 자료는 정확할 것이다.	4.61	1.53	33.19	4.38	2.13	48.63
23. 문제 발생 시 화를 내지 않을 것이다.	5.60	1.35	24.11	4.99	1.37	27.45
24. 한번 발생한 문제는 일어나지 않을 것이다.	4.66	1.31	28.11	4.56	1.76	38.60
25. 시스템이 다운(down)없이 운영될 것이다.	4.86	1.48	30.15	4.51	1.75	38.80
26. 사용자에게 개인적인 관심을 기울일 것이다.	5.11	1.29	25.24	4.67	1.84	39.40
27. 사용자 업무시간에 편리하게 운영될 것이다.	5.13	1.26	24.56	4.98	1.69	33.94
28. 개인적 관심과 애정을 가지고 있을 것이다.	5.36	1.58	29.48	5.00	1.82	36.40
29. 사용자의 이익을 최우선으로 할 것이다.	5.19	1.42	27.36	4.62	1.78	38.53
30. 사용자의 필요한 내용을 이해하고 있을 것이다.	4.90	1.47	30.00	4.67	1.83	39.19
31. 사용자 개별 교육을 실시할 것이다.	4.93	1.40	28.40	4.89	1.61	32.92
32. 사용자 운영 교재가 제공될 것이다.	5.14	1.44	28.02	4.86	1.69	34.77
33. 업무에 알맞은 소프트웨어를 제공할 것이다.	5.13	1.45	28.27	4.68	1.84	39.32
34. 우리나라 실정에 알맞은 시스템을 제공할 것이다.	5.36	1.32	24.63	4.93	1.74	35.29
35. 사용자수준에 알맞은 시스템을 제공할 것이다.	4.97	1.45	27.18	4.79	1.76	36.74

3. 구성타당도

〈표 19〉에서 보면 요인분석의 결과, 아이겐 값이 1이상이 단일요인이 호텔정보시스템 서비스 질이 6개의 독립된 요인으로 구분되고 있어 판별타당도가 있다고 할 수 있다.

또한 집중 타당도는 결합된 요인 간의 변수별 요인적재량이 0.5이상으로 각 소속요인에 높게 적재되어 있어 본 연구에 호텔정보시스템 서비스 품질을 측정하기 위해 사용한 세부 항목들의 집중 타당도 역시 있다고 볼 수 있다.

4. 이론적 타당도

개념타당도의 또 다른 형태로서 이론적 타당도(nomological validity)는 본 연구에서 개발된 다항목척도가 측정하려는 서비스 품질이라는 개념과 이론적으로 관련이 있는 변수들이 실증적으로 상관성이 있는가에 관한 정도를 나타내는 것이다.

본 연구에서는 호텔정보시스템의 서비스 품질과 이론적으로 연계된 변수로서 종사원의 인적서비스와 직무만족에 관한 변수가 선정되어 회귀분석으로 분석하였다.

〈표 22〉에서 인적서비스에 대한 호텔정보시스템 서비스 품질에서 R^2값이 0.581로 총분산의 58.1%를 설명하고 있으며, 회귀식에 대한 F 값이 6.456으로 유의수준(p〈0.011)에서 통계적으로 유의한 결과를 보여주고 있다. 따라서 호텔정보시스템 서비스 질은 인적서비스에 직접적으로 영향을 미치는 것으로 파악되었다. 또한, 정보시스

템 서비스 질의 구성요소를 공감성, 유형성, 신뢰성, 확실성, 적합성, 응답성으로 어떤 요소가 인적서비스를 잘 설명하는지를 파악하기 위해 종속변수를 인적서비스로, 독립변수를 정보시스템 서비스 질 6개의 구성요소로 파악하여 회귀분석을 실시하였는데, 회귀 모형에서 R^2값은 0.642로 총분산의 64.2%를 설명하고 있으며, 회귀식에 대한 F 값이 13.592로서 유의수준(p<0.000)에서 통계적으로 유의한 결과를 보여주고 있다.

자료에서 보듯이 인적서비스에 있어서 6개의 정보시스템 서비스 품질의 구성요소 중 유의수준 0.05에서 확실성(0.261), 적합성(0.190), 공감성(0.162), 응답성(0.148), 신뢰성(0.101)순으로 인적서비스에 영향력이 있음을 보여주며 이는 통계적으로 유의한 결과를 보이고 있다.

〈표 22〉 인적서비스제공 수준에 대한 시스템 서비스 품질의 회귀분석

구 분 \ 항 목	회귀계수	표준β계수	T	p-value	R-square	F	p>F
상수	5.578	0.000	116.994	0.000	0.581	6.456	0.011
정보시스템 서비스 품질	0.119	0.113	2.541	0.011			
상수	5.808	0.000	104.613	0.000	0.642	13.592	0.000
공감성	0.162	0.221	2.863	0.004			
유형성	-0.585	-0.066	-1.046	0.296			
신뢰성	0.101	0.116	2.150	0.032			
확실성	0.261	0.341	4.651	0.000			
적합성	0.190	0.268	5.242	0.000			
응답성	0.148	0.208	2.573	0.010			

〈표 23〉에서 직무만족에 대한 호텔정보시스템 서비스 품질에서 R^2값이 0.493으로 총분산의 49.3%를 설명하고 있으며, 회귀식에 대한 F 값이 9.508로 유의수준(p<0.002)에서 통계적으로 유의한 결

과를 보여주고 있다. 따라서 호텔정보시스템 서비스 질은 직무만족에 직접적으로 영향을 미치는 것으로 파악되었다. 또한, 정보시스템 서비스 질의 구성요소를 공감성, 유형성, 신뢰성, 확실성, 적합성, 응답성으로 어떤 요소가 직무만족을 잘 설명하는지를 파악하기 위해 종속변수를 직무만족으로, 독립변수를 정보시스템 서비스 품질 6개의 구성요소로 파악하여 회귀분석을 실시하였는데, 회귀 모형에서 R^2 값은 0.529로 총분산의 52.9%를 설명하고 있으며, 회귀식에 대한 F 값이 5.179로서 유의수준(p〈0.000)에서 통계적으로 유의한 결과를 보여주고 있다. 자료에서 보듯이 직무만족에 있어서 6개의 정보시스템 서비스 질의 구성요소 중 유의수준 0.05에서 확실성(0.915), 유형성(0.125)순으로 직무만족에 영향력이 있음을 보여주며 이는 통계적으로 유의한 결과를 보이고 있다.

〈표 23〉 직무만족에 대한 시스템 서비스 품질의 회귀분석

구 분 \ 항 목	회귀계수	표준β계수	T	p-value	R-square	F	p〉F
상수	3.208	0.000	110.071	0.000	0.493	9.508	0.002
정보시스템 서비스 품질	0.879	0.137	3.083	0.002			
상수	3.231	0.000	90.663	0.000	0.529	5.179	0.000
공감성	-0.414	-0.092	-1.139	0.255			
유형성	0.125	0.228	3.475	0.001			
신뢰성	-0.424	-0.079	-1.406	0.160			
확실성	0.915	0.195	2.539	0.011			
적합성	-0.143	-0.033	-0.612	0.541			
응답성	-0.386	-0.009	-0.105	0.916			

제2절 호텔정보시스템 서비스 품질
척도에 대한 검증

1. 서비스의 평가기준

호텔정보시스템의 서비스는 다항목척도에 근거해 평가 될 수 있다. 다항목척도에 의한 서비스 품질 측정 즉, 서비스 평가결과는 인구통계적 특성과 형태적 특성별로 심층적으로 분석될 수 있다. 나이, 학력, 전공, 근무연수, 근무 부서, 직책, 시스템 사용능력 등 배경 변수에 따른 호텔정보시스템 서비스 품질 차이검증을 실시한 결과 아래 표와 같다.

〈표 24〉 나이·학력·전공별 호텔정보시스템 서비스 품질 차이검증

구 분	나 이		학 력		전 공	
	F 값	P 값	F 값	P 값	T 값	P 값
호텔정보시스템 서비스 품질	10.729	0.000**	1.657	0.192	4.975	0.000**

주: **는 유의수준 5%에서 유의함.

〈표 24〉에 의하면 나이 및 전공에 따라 호텔정보시스템 서비스 품질은 차이가 있으나 학력에 따라서는 차이가 없는 것으로 설명된다.

〈표 25〉 근무연수·근무 부서별·직책·시스템 사용능력별 차이검증

구 분	근무연수		근무 부서별		직 책		사용능력	
	F 값	P 값	F 값	P 값	F 값	P 값	F 값	P 값
호텔정보시스템 서비스 품질	26.049	0.000**	7.967	0.000**	3.600	0.003**	17.268	0.000**

주: **는 유의수준 5%에서 유의함.

〈표 25〉에 의하면 근무연수, 근무 부서, 직책, 정보시스템 사용능력에 따라 호텔정보시스템 서비스 품질과 차이가 있는 것으로 설명된다.

〈표 26〉 나이·학력·전공별 시스템 서비스 품질 구성요인 차이검증

구 분	나 이		학 력		전 공	
	F 값	P 값	F 값	P 값	T 값	P 값
공감성	22.675	0.000**	5.264	0.005**	4.698	0.000**
유형성	4.726	0.001**	3.708	0.025**	2.888	0.002**
신뢰성	5.780	0.000**	5.254	0.005**	7.605	0.000**
확실성	8.170	0.000**	0.774	0.462	3.403	0.000**
적합성	41.232	0.000**	2.748	0.065	2.926	0.000**
응답성	15.506	0.000**	0.062	0.942	5.567	0.001**

주: **는 유의수준 5%에서 유의함.

호텔정보시스템 서비스 품질을 구성하는 요인 6개를 나이, 학력, 전공별로 차이 검증한 결과 공감성, 유형성, 신뢰성에서는 나이, 학력, 전공에 따라 호텔정보시스템 서비스 품질에 대한 차이가 있다고 설명이 되며 확실성, 적합성, 응답성에서는 학력에 따라서는 유의한 차이가 없다고 설명된다.

〈표 27〉 근무연수 · 근무 부서별 · 직책 · 시스템 사용능력별
구성요인 차이검증

구 분	근무연수		근무 부서별		직 책		사용능력	
	F 값	P 값	F 값	P 값	F 값	P 값	F 값	P 값
공감성	21.523	0.000**	11.057	0.000**	11.739	0.000**	0.940	0.000**
유형성	30.380	0.000**	12.877	0.000**	0.226	0.951	11.860	0.000**
신뢰성	18.866	0.000**	9.312	0.000**	4.842	0.000**	44.767	0.000**
확실성	26.985	0.000**	10.448	0.000**	2.754	0.018**	5.362	0.005**
적합성	14.224	0.000**	8.373	0.000**	5.690	0.000**	2.893	0.056
응답성	13.918	0.000**	7.497	0.000**	3.043	0.010**	5.330	0.005**

주: **는 유의수준 5%에서 유의함.

근무연수, 근무 부서, 직책, 시스템 사용능력별로 호텔정보시스템
서비스 품질요인을 이루고 있는 6가지 공감성, 유형성, 신뢰성, 확
실설, 적합성, 응답성 중 유형성에 있어서 직책별로 호텔정보시스템
서비스 품질과 차이가 없음이 설명되며 적합성에서도 정보시스템
사용능력과 차이가 없음을 설명하고 있다.

2. 호텔정보시스템 서비스 품질 측정에 대한 분석

1) 호텔별 정보시스템 서비스 품질

호텔정보시스템의 서비스 품질 측정을 위한 다항목척도는 경쟁분
석을 위한 평가 기준으로 활용할 수 있다.

〈표 28〉에서 살펴보면, 호텔정보시스템 서비스 품질에서 종사원

들이 지각하는 요인은 유형성으로 하드웨어와 같은 전산기자재 시설물 등은 높게 지각하는 것으로 나타났다. 그리고 문제점 발생 시 서비스 시간약속과 같은 응답성과 업무에 대한 정확한 지식과 정보시스템에서 출력되는 자료의 정확성과 같은 확실성도 대체적으로 지각하는 것으로 나타났다. 그러나 6개의 요인 중 신뢰성, 공감성, 적합성과 같은 정보시스템 서비스 품질요인은 사용자의 기대에 미치지 못한다는 것으로 나타났다. 특히, 유형성에서 O호텔 경우만 사용자가 지각하는 것으로 나타났는데 이는 외국패키지를 도입하지 않고 국내에서 호텔실정에 알맞은 정보시스템을 도입한 경우라 하겠다.

이러한 정보시스템 도입이 가능한 O호텔 경우는 투숙하는 고객 대부분이 한국인이며 체인호텔의 성격을 지닌 호텔이 아니기 때문이라 하겠다. 이와 같이 정보시스템 도입 시 호텔경영특성, 사용자의 수준, 업무의 수준 등을 고려해서 호텔정보시스템을 구축한다면 정보시스템의 적합성은 사용자로부터 정보시스템에 대한 지각 정도를 높여 줄 수 있다고 하겠다. 분석결과에서 보다 중요한 사항은 특1급 호텔, 특2급 호텔종사원들이 기대하는 정보시스템에 대한 서비스의 기대치는 비슷하며 또한 정보시스템에 대한 서비스 기대를 많이 하고 있다는 것이다.

그러나 이에 비해 종사원이 지각하는 정보시스템 서비스 품질에 대한 지각치는 모든 호텔이 대부분 저조함으로서 우리나라 호텔정보시스템 서비스 품질에 대한 심각함을 보여준다 하겠다. 따라서 호텔정보시스템은 최신의 하드웨어와 정보통신과 같은 시설설치도 중요하지만 종사원이 정보시스템 사용 중 문제가 발생하였을 때 신속하고 정확한 서비스가 무엇보다도 중요하다고 하겠다.

〈표 28〉 호텔별 서비스 품질의 기대 및 지각에 대한 차이분석

요 인			평 균		표준편차		평균값차이
			지각	기대	지각	기대	
유형성	특1급	H호텔	6.4029	6.3325	0.8046	0.6876	0.0704
		S호텔	6.4998	6.4752	0.7740	0.6749	0.0246
		I호텔	6.5518	6.3518	0.7595	0.7008	0.2000
		P호텔	6.4376	6.4186	0.8394	0.6394	0.0190
	특2급	D호텔	6.6997	6.6924	0.7820	0.6098	0.0073
		S호텔	6.1102	6.0410	0.8627	0.7877	0.0692
		M호텔	6.3221	6.2524	0.8992	0.6659	0.0697
		O호텔	6.2972	6.2114	0.7734	0.7942	0.0858
신뢰성	특1급	H호텔	5.8518	6.0771	0.6874	0.6046	-0.2253
		S호텔	5.4752	5.9976	0.6189	0.7740	-0.5224
		I호텔	5.5518	5.9899	0.5882	0.7595	-0.4381
		P호텔	5.4186	5.8704	0.7980	0.6394	-0.4518
	특2급	D호텔	4.6924	6.0034	0.6446	0.9074	-1.3110
		S호텔	5.0410	6.2212	0.7269	0.6640	-1.1802
		M호텔	5.2524	5.4763	0.7995	0.6980	-0.2239
		O호텔	5.2114	5.3655	0.7765	0.6394	-0.1541
응답성	특1급	H호텔	6.5587	6.7883	0.6116	0.6046	-0.2296
		S호텔	6.4098	6.5452	0.7901	0.7740	-0.1354
		I호텔	6.5887	6.5876	0.8595	0.7595	0.0011
		P호텔	6.7011	6.6861	0.7340	0.6394	0.0150
	특2급	D호텔	6.2924	6.3323	0.6618	0.6771	-0.0399
		S호텔	6.1007	6.2410	0.7811	0.7873	-0.1403
		M호텔	6.4105	6.4412	0.7509	0.7559	-0.0307
		O호텔	6.2149	6.3313	0.6678	0.6995	-0.1164
확실성	특1급	H호텔	6.6877	6.5818	0.7017	0.8992	0.1059
		S호텔	6.7798	6.7252	0.7099	0.8115	0.0546
		I호텔	6.6077	6.6766	0.7176	0.7008	-0.0689
		P호텔	6.6078	6.5576	0.6098	0.7211	0.0502
	특2급	D호텔	5.9724	6.0927	0.7612	0.7110	-0.1203
		S호텔	5.7908	6.0910	0.7981	0.7742	-0.3002
		M호텔	6.1667	6.1544	0.7863	0.8991	0.0123
		O호텔	6.1114	6.0984	0.6940	0.7702	0.0130
공감성	특1급	H호텔	6.0081	6.0118	0.7698	0.7093	-0.0037
		S호텔	5.8997	6.1527	0.7040	0.7543	-0.2530
		I호텔	5.9180	6.0918	0.7665	0.7554	-0.1738
		P호텔	6.1678	6.2661	0.6099	0.6433	-0.0983
	특2급	D호텔	5.8087	5.9924	0.6887	0.7008	-0.1837
		S호텔	5.8499	6.0471	0.7989	0.7934	-0.1972
		M호텔	6.2024	6.2234	0.7009	0.7454	-0.0210
		O호텔	5.7115	6.0784	0.6912	0.7011	-0.3669
적합성	특1급	H호텔	6.3508	6.5519	0.6778	0.6908	-0.2011
		S호텔	6.2756	6.4278	0.7709	0.7998	-0.1522
		I호텔	6.2511	6.5768	0.7498	0.7565	-0.3257
		P호텔	6.3106	6.5176	0.6269	0.6098	-0.2070
	특2급	D호텔	6.2924	6.4904	0.6665	0.7808	-0.1980
		S호텔	6.1331	6.2400	0.7125	0.7667	-0.1069
		M호텔	6.1527	6.2507	0.7005	0.7776	-0.0980
		O호텔	6.3119	6.2417	0.9394	0.6501	0.0702

연구 대상호텔을 호텔별, 호텔등급별, 전체호텔별로 구분하여 호텔정보시스템 서비스 품질 6개 요인인 유형성, 신뢰성, 응답성, 확실성, 공감성, 적합성이 미치는 영향을 살펴보기 위하여 분산분석을 실시한 결과〈표 29〉에 나타나 있다.

〈표 29〉 호텔별 호텔정보시스템 서비스 품질 차이검증

구성요인		유형성	신뢰성	응답성	확실성	공감성	적합성
H호텔	F 값	2.68	2.02	2.67	1.12	2.96	3.52
	P 값	0.0000**	0.0000**	0.0000**	0.0223*	0.0000**	0.0000**
S호텔	F 값	2.95	2.38	2.95	2.09	1.88	3.76
	P 값	0.0000**	0.0000**	0.0000**	0.0000**	0.0310*	0.0000**
I호텔	F 값	3.78	2.77	2.12	2.78	2.02	2.89
	P 값	0.0000**	0.0000**	0.0000**	0.0000**	0.0277*	0.0000**
P호텔	F 값	2.19	2.01	2.98	1.33	2.22	1.02
	P 값	0.0000**	0.0000**	0.0000**	0.0207*	0.0000**	0.2007*
D호텔	F 값	2.92	1.56	1.29	2.01	2.08	1.58
	P 값	0.0000**	0.0192*	0.0353*	0.0347*	0.0000**	0.0199*
S호텔	F 값	1.86	1.23	1.43	2.88	2.87	1.11
	P 값	0.0454*	0.0266*	0.0176*	0.0000**	0.0000**	0.0270*
M호텔	F 값	1.97	1.89	1.88	1.11	1.58	1.25
	P 값	0.0223*	0.0116*	0.0108*	0.0410*	0.0000**	0.0122*
O호텔	F 값	3.01	2.55	3.47	0.78	2.25	2.22
	P 값	0.0000**	0.0000**	0.0000**	0.0242*	0.0000**	0.0000**
특1급호텔	F 값	2.91	2.56	0.70	3.09	2.79	1.58
	P 값	0.0000**	0.0000**	0.0256*	0.0000**	0.0000**	0.0277*
특2급호텔	F 값	3.71	1.82	2.82	1.39	2.94	1.79
	P 값	0.0000**	0.0227*	0.0000**	0.0322*	0.0000**	0.0213*
전체호텔	F 값	2.38	3.73	2.30	1.43	1.89	1.71
	P 값	0.0000**	0.0000**	0.0000**	0.0142*	0.0297*	0.0257*

주: **는 유의수준 1%, *는 유의수준 5%.

특1급 호텔에서는 응답성과 적합성이 유의수준 1%에서 신뢰성, 응답성, 확실성, 공감성은 유의수준 5%에서 차이가 있는 것으로 나타났고 특2급 호텔에서는 신뢰성, 확실성, 적합성이 유의수준 1%에서 유형성, 응답성, 공감성은 유의수준 5%에서 차이가 있는 것으로 나타났다. 전체호텔로는 확실성, 공감성, 적합성이 유의수준 1%에서 유형성, 신뢰성, 응답성이 유의수준 5%에서 차이가 있는 것으로 나타났다.

2) 업무별 정보시스템 서비스 품질

호텔정보시스템 성격을 업무별로 분류하여 서비스 품질 6개 요인이 차지하는 백분율을 분석한 결과 고객과 가장 직접적인 관련이 있는 프론트오피스시스템이 차지하는 비율이 가장 높았다. 이는 프론트오피스시스템의 역할이 호텔서비스업에서 가장 대표성을 가진 시스템이며, 실시간으로 운영되는 고객과 직접적인 정보시스템으로서 호텔서비스를 수행함에 있어 매우 중요한 시스템을 입증하고 있다.

그리고 프론트오피스시스템에서 정보시스템 서비스 품질요인 중 응답성이 높은 것은 프론트 업무상 정보시스템의 즉각적인 서비스가 바로 고객서비스와 직결됨을 의미한다고 볼 수 있다. 백오피스시스템에서는 신뢰성과 공감성이 차지하는 비율이 높았고 업장관리시스템에서는 유형성이 차지하는 비율이 높았다.

이는 레스토랑 실내분위기에 어울리는 세련된 하드웨어의 설치가 필요하다고 볼 수 있겠다. 또한 피어슨의 카이제곱 값과 자유도에 따라 유의수준 5%에서 유의함을 보여준다.

아이겐 값과 분산설명력을 보면 호텔정보시스템의 종류에 따라 6

개의 요인 값이 다양하게 설명하고 있어 정보시스템의 특징 및 사용자 업무성격에 따라 요인 중요도가 다름을 나타낸다〈표 30〉.

〈표 30〉 부서별 호텔정보시스템 서비스 품질 측정요인 중요성

구 분 요 인	프론트오피스	백오피스	업장관리	Pearson 카이제곱		
	아이겐 값(분산설명력 %)/ 백분율			값	자유도	P 값
공감성	6.21(17.03)/34.9	4.52(13.19)/29.4	7.67(17.35)/28.3	681.149	13	0.000
유형성	4.50(14.30)/35.1	5.17(14.78)/28.7	5.90(15.90)/28.9	436.966	9	0.000
신뢰성	4.27(13.62)/34.1	8.55(17.85)/29.4	5.11(15.04)/28.0	476.291	9	0.000
확실성	8.23(19.50)/37.8	6.25(15.87)/29.7	5.49(15.11)/27.7	516.849	10	0.000
적합성	3.85(12.43)/36.6	2.89(12.40)/28.8	2.19(11.40)/26.9	506.297	7	0.000
응답성	4.91(14.45)/38.1	2.43(11.08)/28.6	4.29(12.70)/25.3	941.803	12	0.000

제3절 호텔정보시스템 서비스의 품질과 사용자 만족

1. 호텔종사원 인적서비스에 대한 관계

1) 호텔종사원 인적서비스 요인

일반적으로 호텔종사원의 직무만족과 인적서비스와의 관계를 분석한 연구에서는 Martin이 제시한 CSAS(Customer-Service Assessment Scale)를 사용하였으나 측정도구로서 유용성을 인정받을만한 개발절차를 전혀 거치지 않았다는 점과 레스토랑 종업원을 대상으로 개발된 점에서 한계를 가지고 있다. 김민주는 이 문제점을 지적하면서 파라슈라만이 제시한 인적서비스 요인과 호텔실무자의 패널토의를 거쳐 요인분석을 통해 개발한 7개 요인의 25개 측정 문항으로 속성을 도출하였다. 본 연구에서는 25개 측정 항목 중 22개 항목을 사용하여 호텔종사원의 인적서비스 속성을 정리하였다.

본 조사 측정척도의 신뢰도 분석결과를 보면 총 22개의 개발항목의 신뢰도는 0.96 이상으로 매우 높게 나타났으며 전체 항목에 대한 크론바흐알파 값은 0.96으로 인적서비스 측정을 위한 세부 항목은 신뢰도를 갖고 있는 것으로 분석되었다. 또한 본 연구의 인적서비스 측정을 위한 세부 항목의 표본적합도 분석결과 요인분석을 위한 인적서비스 세부 항목 22개의 MSA 값이 0.5 이상으로 나타나 22개의 세부 항목 모두 요인분석에 적합한 것으로 판단할 수 있다 〈부록 1-9〉.

추출된 5요인의 고유치는 각각 9.768, 4.279, 2.588, 1.185, 1.062으로서 이것은 요인추출 기준으로 지정한 고유치 1 이상인 요인만 추출된 것을 알 수 있다. 고유치는 그 요인이 설명하는 분산의 양을 나타내므로 이 값이 큰 요인이 중요한 요인이 된다. 5개 요인 중 요인 1은 22.037%, 요인 2는 17.358%, 요인 3은 17.220%, 요인 4는 15.387%, 요인 5는 13.829%를 설명함으로써 전체 누적 85.831%를 설명하고 있다. 요인분석 결과 얻어진 인적서비스 측정척도의 구성요인을 개별적 배려·감정이입, 신뢰성·고객이해, 대응성, 친절성, 서비스 방식 이해로 각각 명명하였다〈표 31〉.

본 조사에서는 개별적 배려·감정이입, 신뢰성·고객이해, 대응성,

친절성, 서비스 방식 이해 순서로 구분되어 김민주가 연구한 7개 요인보다 2개가 줄어 5개의 요인으로 통합 되었다. 본 연구에서는 인적 서비스 측정척도의 타당도를 검증하기 위하여 내용타당도(content validity), 구성타당도(construct validity)를 검증하였다. 내용타당도는 변동계수(CV)를 이용하였으며, 구성타당도는 요인분석의 요인구조를 통하여 집중타당도와 판별타당도를 검증하였다〈부록 1-10〉.

<표 31〉 인적서비스에 대한 요인분석

내　용	아이겐 값	요인적재 값	커뮤넬리티	분산설명력 (%)
요인 1: 개별적 배려 · 감정이입	9.768			22.037
고객들에게 친밀감을 표시하려고 노력한다.		0.893	0.928	
고객들을 대할 때 늘 주의를 집중한다.		0.830	0.903	
고객들에게 좋은 인상을 주기 위하여 항상 용모를 단정히 하려고 노력한다.		0.815	0.898	
고객들의 특성에 따라 주의 깊게 서비스를 제공한다.		0.796	0.878	
항상 나의 서비스제공에 대한 고객의 반응을 살핀다.		0.681	0.788	
요인 2: 신뢰성 · 고객이해	4.279			18.358
고객의 언행이 마음에 들지 않더라도 항상 최고의 서비스를 제공한다.		0.852	0.908	
나의 감정 상태와 관계없이 고객들에게 항상 최고의 서비스를 제공한다.		0.819	0.856	
바쁠 때에도 고객을 소홀히 대하지 않고 항상 최고의 서비스를 제공한다.		0.784	0.921	
서비스를 제공할 때 항상 고객의 이익을 우선시한다.		0.741	0.909	
고객이 이해할 수 있는 용어로 정보를 제공하려고 노력한다.		0.697	0.867	
고객들의 불평에 늘 관심을 갖는다.		0.615	0.816	
고객의 요구가 있기 전에 적당한 서비스를 먼저 제공하려고 노력한다.		0.568	0.774	
요인 3: 대응성	2.588			16.220
고객에게 신속한 서비스를 제공하기 위하여 항상 노력한다.		0.868	0.899	
서비스를 적시에 제공하기 위하여 항상 관심을 갖는다.		0.830	0.885	
항상 자신감을 가지고 고객을 접대한다.		0.810	0.894	
조직의 전체적인 서비스제공시스템을 이해하려고 노력한다.		0.754	0.804	
고객을 위하여 청결한 시설과 분위기를 유지하려고 노력한다.		0.747	0.875	

내　　용	아이겐 값	요인적 재 값	커뮤넬 리티	분산설 명력 (%)
요인 4: 친절성	1.185			15.387
고객들을 정중한 태도로 대한다.		0.882	0.822	
고객들에게 상냥한 언어를 사용한다.		0.878	0.790	
항상 고객들을 미소로 대한다.		0.771	0.740	
요인 5: 서비스 방식 이해	1.062			13.829
우리 호텔에서 사용하는 서비스매뉴얼을 잘 이해하고 있다		0.856	0.871	
항상 서비스매뉴얼과 같이 서비스를 제공한다.		0.784	0.858	

주: 전체 설명력: 85.831%.

2) 정준상관분석

　본 연구에서 호텔정보시스템 서비스 품질요인과 호텔종사원 인적 서비스 요인들 간의 관계를 구조적으로 그 특성을 파악하기 위하여 정준상관분석(canonical correlation analysis)을 실시하였으며, 정준상관분석에서의 구조적 특성 분석결과에 의해 요인 구성항목별로 다시 정준상관분석을 실시하였다. 제시된 분석결과를 토대로 정준부하(canonical loadings)가 최소 0.3 이상인 것에 근거하여 유의적인 표준정준상관계수들(standardized canonical coefficients)을 괄호로 표기하고, 이를 토대로 분석결과를 해석하였다. 정준상관분석에서는 여러 쌍의 정준변인(canonical variate) 중 첫 번째 정준변인 쌍은 통산 분산설명도가 제일 높다. 여기에서는 각 집단별 비교분석에서는 첫 번째의 한 쌍식만을 본 연구에서 사용하였다.

(1) 요인 전체

　〈표 32〉에서 보는 바와 같이 정준상관계수는 0.4982로 57.76% 정도의 설명력을 갖는다. 정준부하가 0.3 이상인 경우만 고려할 경우,

130

인적서비스요인 중 대응성과 서비스 방식 이해요인이 향상되려면 호텔정보시스템 서비스 품질요인 중 신뢰성, 응답성, 확실성, 공감성, 적합성 등이 중요하게 작용하는 것으로 나타났다.

(2) 선별된 요인

〈표 32〉의 분석결과에 의해 선별된 요인을 정준상관분석 해 본 결과 〈표 33〉에서 보면 정준상관계수는 0.4992로 설명력 58.78%를 갖는다.
정준변인 인적서비스 향상을 위한 호텔정보시스템 서비스 품질 항목들의 정준부하가 0.3 이상인 경우만 고려할 경우 인적서비스 요인 중 나는 우리 호텔에서 사용하는 서비스매뉴얼을 잘 이해하고 있다, 고객에게 신속한 서비스를 제공하기 위하여 항상 노력한다.

〈표 32〉 서비스 품질요인과 인적서비스제공 수준 간의
정준상관분석(전체)

요 인 　　　　　　　　구 분	표준정준상관계수	정준부하
인적서비스요인		
개별적 배려·감정이입	0.2080	0.2080
신뢰성·고객이해	-0.2147	-0.2147
대응성	(0.7583)	(0.7583)
친절성	0.2181	0.2181
서비스 방식이해	(0.8017)	(0.8017)
Redundancy 계수	0.200	0.200
정보시스템 서비스 품질요인		
유형성	0.2233	0.2233
신뢰성	(0.7579)	(0.7579)
응답성	(0.7517)	(0.7517)
확실성	(0.7571)	(0.7571)
공감성	(0.8017)	(0.8017)
적합성	(0.7307)	(0.7307)
Redundancy 계수	0.100	0.100

요 인 　 　 　 　 　 　 구 분	표준정준상관계수	정준부하
정준상관계수	0.4982	0.4982
윌크스 람다 값	0.7113	0.7113
상대적설명력	0.5776	0.5776
Approx F	3.9876	3.9876
유의수준	0.0001	0.0001

　　서비스를 적시에 제공하기 위하여 항상 관심을 갖는다, 항상 자신감을 가지고 고객을 접대한다, 조직의 전체적인 서비스제공시스템을 이해하려고 노력한다가 향상되려면 사용자와의 시간 약속, 사용자 문제를 해결하기 위한 성의, 약속한 시간에 제공되는 서비스, 언제 서비스가 제공될 것인지 알려 줄 것이다, 신속한 서비스를 제공할 것이다, 언제나 능동적으로 도움을 줄 것이다, 항상 질문에 성실하게 대답할 것이다, 문제 해결을 빨리 해 줄 것이다, 문제 발생 시 전화를 하면 즉시통화가 가능할 것이다, 사용자에게 믿을 수 있게 행동할 것이다, 업무에 대하여 정확하게 파악하고 있을 것이다, 출력되는 자료는 정확할 것이다, 시스템이 다운(down)없이 운영될 것이다, 사용자 업무시간에 편리하게 운영될 것이다, 사용자의 이익을 최우선으로 할 것이다, 사용자의 필요한 내용을 이해하고 있을 것이다, 사용자 개별 교육을 실시할 것이다, 사용자 운영 교재가 제공될 것이다, 업무에 알맞은 소프트웨어를 제공할 것이다, 사용자수준에 알맞은 시스템을 제공할 것이다 등이 중요하게 작용하는 것으로 나타났다.

132

〈표 33〉 서비스 품질요인과 인적서비스제공 수준 간의
정준상관분석(선별)

요 인	구 분 / 표준정준 상관계수	정준부하
인적서비스요인(대응성과 서비스 방식이해)		
1. 나는 우리 호텔에서 사용하는 서비스매뉴얼을 잘 이해하고 있다.	(0.7583)	(0.7579)
2. 나는 항상 서비스매뉴얼과 같이 서비스를 제공한다.	-0.2893	-0.2893
3. 고객에게 신속한 서비스를 제공하기 위하여 항상 노력한다.	(0.8572)	(0.8567)
4. 서비스를 적시에 제공하기 위하여 항상 관심을 갖는다.	(0.7592)	(0.7592)
5. 항상 자신감을 가지고 고객을 접대한다.	(-0.7517)	(-0.7510)
6. 조직의 전체적인 서비스제공시스템을 이해하려고 노력한다.	(0.7550)	(0.7538)
7. 고객을 위하여 청결한 시설과 분위기를 유지하려고 노력한다.	0.4181	0.2481
정보시스템 서비스 품질요인(신뢰성, 응답성, 확실성, 공감성, 적합성)		
1. 사용자와의 시간 약속	(0.7762)	(0.7751)
2. 사용자 문제를 해결하기 위한 성의	(0.7823)	(0.7811)
3. 믿을 수 있는 서비스	-0.4228	-0.0228
4. 약속한 시간에 제공되는 서비스	(0.8117)	(0.8112)
5 .실수 없는 업무	0.4181	0.1181
6. 언제 서비스가 제공될 것인지 알려 줄 것이다.	(0.8276)	(0.8272)
7. 신속한 서비스를 제공할 것이다.	(0.8368)	(0.8362)
8. 언제나 능동적으로 도움을 줄 것이다.	(-0.7579)	(-0.7579)
9. 항상 질문에 성실하게 대답할 것이다.	(0.8171)	(0.8165)
10. 문제점을 해결한 후 원인과 해결방법을 설명할 것이다.	-0.0432	-0.0422
11. 문제 해결을 빨리 해 줄 것이다.	(0.8322)	(0.8322)
12. 문제 발생 시 전화를 하면 즉시통화가 가능할 것이다.	(0.7517)	(0.7517)
13. 사용자에게 믿을 수 있게 행동할 것이다.	(-0.7721)	(-0.7713)
14. 일을 할 때 안정감을 느낄 것이다.	0.4372	0.0372
15. 예의바르고 공손할 것이다.	0.4932	0.1932
16. 업무에 대하여 정확하게 파악하고 있을 것이다.	(0.8017)	(0.8017)
17. 출력되는 자료는 정확할 것이다.	(0.8934)	(0.8931)
18. 문제 발생 시 화를 내지 않을 것이다.	-0.5655	-0.0655
19. 한번 발생한 문제는 일어나지 않을 것이다.	0.5118	0.0118
20. 시스템이 다운(down)없이 운영될 것이다.	(0.8826)	(0.8818)
21. 사용자에게 개인적인 관심을 기울일 것이다.	-0.5463	-0.0463
22. 사용자 업무시간에 편리하게 운영될 것이다.	(0.8127)	(0.8127)
23. 개인적 관심과 애정을 가지고 있을 것이다.	0.6273	0.1273
24. 사용자의 이익을 최우선으로 할 것이다.	(0.8269)	(0.8269)
25. 사용자의 필요한 내용을 이해하고 있을 것이다.	(-0.7932)	(-0.7932)
26. 사용자 개별 교육을 실시할 것이다.	(-0.7664)	(-0.7664)
27. 사용자 운영 교재가 제공될 것이다.	(0.7307)	(0.7307)
28. 업무에 알맞은 소프트웨어를 제공할 것이다.	(0.7740)	(0.7740)
29. 우리나라 실정에 알맞은 시스템을 제공할 것이다.	-0.6811	-0.1811
30. 사용자수준에 알맞은 시스템을 제공할 것이다.	(-0.7829)	(-0.7829)
정준상관계수	0.4992	0.4762
윌크스 람다 값	0.7122	0.7428
상대적 설명력	0.5878	0.6012
Approx F	3.9267	3.9788
유의수준	0.001	0.001

2. 호텔종사원 직무만족에 대한 관계

1) 호텔종사원 직무만족 요인

조긍호는 한 조직체가 얼마나 그 기능을 원활히 수행하느냐 하는 것은 그 성원들이 갖는 직무만족도의 직접적인 함수라고 하였다. 더욱이 호텔서비스업은 인적자원의 비중이 다른 산업보다 비율이 높으며 이로 인하여 종사원 직무만족 결과가 직접적으로 고객 서비스에 미치는 영향력의 파급 효과에 작용된다. 따라서 경영주는 호텔종사원의 직무만족을 위하여 급여, 교육, 복지 등 외에 업무환경을 개선을 위하여 노력하고 있다. 업무환경 중 호텔정보시스템과 종업원의 직무만족과는 관계가 밀접하다. 현장에서 사용되는 도구가 정보시스템이며 이를 통해 고객에게 직·간접적으로 서비스를 제공하고 결과에 따라 칭찬 또는 불평을 듣게 되며 이로 인하여 직무만족의 일부분에 영향을 미친다고 할 수 있다. 그동안 연구된 직무만족의 측정방법은 Locke(1976)의 평정척도, 행동관찰 척도, 면접방법, 활동 경향성 척도, 중요 사건 기법으로 나눈 방법이 있고 측정에 많이 사용되는 척도로는 JDI(Smith, Kendall & Hulin, 1969)를 들 수 있는데 이 척도는 업무 자체, 감독, 임금, 승진, 동료에 대한 5개의 단면으로 구성되어 있다. 국내 학자로는 김준곤과 손충기가 개발한 8개 요인 30문항의 직무만족 척도가 있으며 이 척도는 Smith 등(1965)의 JDI와 Kornhauser(1966)의 직무만족 지수, Dunnette 등(1966)의 직무만족－불만족 요인, Locke(1976)의 척도를 검토하여 직무만족의 주요 영역을 정하고 각 영역에 해당되는 66개 문항을 선정하였다. Likert-type의 5점 평정척도로 제작된 이 문항들을 문항 분석과 타당화 연구를 통하여 30개의 문항을 최종적으로 확정한 것이다. 또한 조 긍호(1997)는 Mael & Ashforth(1992)가 개발한 직무만족척도를 기 업 조직원들의 직무만족도를 측정하는 도구로 사용하여 요인분석을 통하여 상사·동료요인, 자기개발요인, 외적보상요인으로 명명하였다 〈표 34〉. 본 연구에서는 호텔정보시스템 서비스 품질과의 상관관계 를 조사하기 위하여 상사·동료요인과 자기개발요인 항목을 이용해 서 호텔종사원을 대상으로 직무만족 척도에 사용하였다.

본 조사 측정척도의 신뢰도 분석결과를 보면 총 19개의 개발 항 목의 신뢰도는 0.87이상으로 매우 높게 나타났으며 전체 항목에 대 한 크론바흐 알파 값은 0.88로 직무만족 측정을 위한 세부 항목은 신뢰도를 갖고 있는 것으로 분석되었다.

또한 본 연구의 직무만족 측정을 위한 세부 항목의 표본적합도 분석결과 요인분석을 위한 인적서비스 세부 항목 19개의 MSA 값 이 0.6 이상으로 나타나 19개의 세부 항목 모두 요인분석에 적합한 것으로 판단할 수 있다〈부록 1-13〉.

본 연구에서는 호텔정보시스템 서비스 질, 인적서비스, 직무만족의 측정척도의 타당도를 검증하기 위하여 내용타당도(content validity), 구성타당도(construct validity)를 검증하였다. 내용타당도는 변동계수 (CV)를 이용하였으며, 구성타당도는 요인분석의 요인구조를 통하여 집중타당도와 판별타당도를 검증하였다〈부록 1-14〉.

<표 34> 직무만족에 대한 요인분석

내　용	아이겐값	요인적재값	커뮤넬리티	분산설명력(%)
요인 1: 개인개발	7.543			39.700
업무에서의 사원의견 반영도에 대하여		0.942	0.904	
회사에서의 능력 발휘 기회에 대하여		0.924	0.895	
자기개발 실현 기회에 대하여		0.899	0.851	
직무 수행 시 창의성 발휘 여지에 대하여		0.895	0.812	
과업 수행에서의 자율성에 대하여		0.895	0.835	
현재의 업무량에 대하여		0.889	0.829	
직무와 적성의 합치도에 대하여		0.875	0.772	
회사 일의 즐거움 정도에 대하여		0.815	0.672	
능률 향상을 위한 상사의 노력에 대하여		0.633	0.670	
요인 2: 회사정책	3.401			17.898
인사고과의 공정성에 대하여		0.887	0.849	
회사운영에 대한 고지성에 대하여		0.819	0.819	
공정한 승진 기회에 대하여		0.732	0.710	
요인 3: 상사·동료	3.058			16.091
동료 간의 업무협조에 대하여		0.917	0.851	
부하교육 능력 향상을 위한 상사의 노력에 대하여		0.864	0.878	
상사의 건의 불만 수용 정도에 대하여		0.616	0.717	
상사가 직원 협조를 위해 신경 써 주는 정도에 대하여		0.615	0.706	
상사의 계획 준비가 작업 수행에 도움 정도에 대하여		0.604	0.743	
상사의 명령 지시 전달의 명료성에 대하여		0.576	0.821	
동료끼리 마음이 통하는 정도에 대하여		0.453	0.697	

주: 전체 설명력: 73.689%.

2) 정준상관분석

(1) 요인 전체

<표 35>에서 보는 바와 같이 정준상관계수는 0.4277로 50.38% 정도의 설명력을 갖는다. 정준부하가 0.3 이상인 경우만 고려할 경우,

136

직무만족요인 중 개인개발요인이 향상되려면 호텔정보시스템 서비스 품질요인 중 유형성, 확실성 등이 중요하게 작용하는 것으로 나타났다.

<표 35> 서비스 품질요인과 직무만족요인 간의 정준상관분석(전체)

구 분 요 인	표준정준상관계수	정준부하
직무만족요인		
개인개발	(0.7762)	(0.7762)
회사정책	0.3582	0.3582
상사·동료	0.2248	0.2248
Redundancy 계수	0.200	0.200
정보시스템 서비스 품질요인		
유형성	(0.7307)	(0.7307)
신뢰성	0.3763	0.3763
응답성	0.3892	0.3892
확실성	(0.7740)	(0.7740)
공감성	0.2274	0.2274
이용성	0.3748	0.3748
Redundancy 계수	0.100	0.100
정준상관계수	0.4277	0.4277
윌크스 람다 값	0.3129	0.3129
상대적 설명력	0.5438	0.5438
Approx F	2.7785	2.7785
유의수준	0.0001	0.0001

(2) 선별된 요인

<표 35>의 분석결과에 의해 선별된 요인을 정준상관분석 해 본 결과 <표 36>에서 보면 정준상관계수는 0.4872로 설명력을 52.55%를 갖는다.

정준변인 직무만족 향상을 위한 호텔정보시스템 서비스 품질 항

목들의 정준부하가 0.3 이상인 경우만 고려할 경우 직무만족요인 중 업무에서의 사원의견 반영도에 대하여, 회사에서의 능력 발휘 기회에 대하여, 자기개발 실현 기회에 대하여, 직무와 적성의 합치도에 대하여, 회사 일의 즐거움 정도에 대하여가 향상되려면 현대적 하드웨어와 소프트웨어, 업무에 필요한 기자재 준비, 충분한 용량 제공, 사용자에게 믿을 수 있게 행동할 것이다, 일을 할 때 안정감을 느낄 것이다, 예의바르고 공손할 것이다, 업무에 대하여 정확하게 파악하고 있을 것이다, 출력되는 자료는 정확할 것이다, 문제 발생 시 화를 내지 않을 것이다, 한번 발생한 문제는 일어나지 않을 것이다, 시스템이 다운(down)없이 운영될 것이다 등이 중요하게 작용하는 것으로 나타났다.

〈표 36〉 서비스 품질요인과 직무만족요인 간의 정준상관분석(선별)

구 분 요 인	표준정준 상관계수	정준부하
직무만족요인(개인개발)		
1. 업무에서의 사원의견 반영도에 대하여	(0.7226)	(0.7229)
2. 회사에서의 능력 발휘 기회에 대하여	(-0.7523)	(-0.7523)
3. 자기개발 실현 기회에 대하여	(0.7529)	(0.7529)
4. 직무 수행 시 창의성 발휘 여지에 대하여	0.1181	0.1193
5. 과업 수행에서의 자율성에 대하여	-0.0923	-0.0923
6. 현재의 업무량에 대하여	-0.0893	-0.0893
7. 직무와 적성의 합치도에 대하여	(0.7307)	(0.7311)
8. 회사 일의 즐거움 정도에 대하여	(0.8172)	(0.8172)
9. 능률 향상을 위한 상사의 노력에 대하여	0.2322	0.2322

138

구 분 요 인	표준정준 상관계수	정준부하
정보시스템 서비스 품질요인(유형성, 확실성)		
1. 현대적 하드웨어와 소프트웨어	(0.7227)	(0.7227)
2. 시각적으로 보기가 좋은 시설	0.2180	0.2182
3. 용모 및 복장이 단정한 직원	0.4227	0.4231
4. 업무에 필요한 기자재 준비	(0.8137)	(0.8137)
5. 충분한 용량 제공	(0.8266)	(0.8268)
6. 사용자에게 믿을 수 있게 행동할 것이다.	(0.7239)	(0.7239)
7. 일을 할 때 안정감을 느낄 것이다.	(0.7517)	(0.7517)
8. 예의바르고 공손할 것이다.	(0.7632)	(0.7632)
9. 업무에 대하여 정확하게 파악하고 있을 것이다.	(0.7572)	(0.7574)
10. 출력되는 자료는 정확할 것이다.	(0.8994)	(0.8994)
11. 문제 발생 시 화를 내지 않을 것이다.	(0.7988)	(0.7988)
12. 한번 발생한 문제는 일어나지 않을 것이다.	(0.8072)	(0.8072)
13. 시스템이 다운(down)없이 운영될 것이다.	(0.9236)	(0.9236)
정준상관계수(Rc)	0.7872	0.7697
윌크스 람다 값	0.3029	0.3116
상대적 설명력(Proportion)	0.5255	0.5321
Approx F	2.7785	2.7796
유의수준	0.0001	0.0001

제5장 결 론

제1절 결과 및 시사점

호텔서비스업을 대상으로 조사된 선행연구를 보면 크게 두 가지로 분류할 수 있다. 첫째는 호텔 이용고객을 대상으로 한 서비스 품질에 관한 것이고, 둘째는 호텔종사원을 대상으로 한 인적서비스, 직무만족 등에 관한 연구이다.

본 연구에서는 호텔종사원이 업무 및 고객서비스 수단으로 사용하고 있는 호텔정보시스템의 서비스 품질에 대한 사용자 만족을 측정하기 위하여 호텔정보시스템 서비스 품질 척도 모형을 개발하였다. 오늘날 퍼스널컴퓨터 보급과 네트워크의 발달로 정보시스템의 기능은 제품이 아니라 서비스 전달자로서의 역할이 중요하며 특히, 호텔서비스업에서는 내부마케팅 역할을 하여 고객만족과 매출증대에 기여하는 도구로 자리를 잡고 있다.

본 연구결과를 문제제기에서 제시한 과제를 토대로 상세하게 설명하면 다음과 같다. 첫째, 호텔정보시스템 서비스 품질은 측정이 가능한가?

마케팅 분야에서 개발된 서비스 품질 척도 모형 중 PZB의 SERVQUAL 모형을 사용하였다. 이를 기초로 Pitt와 Watson이 정보시스템 서비스 척도에 적용한 측정 항목에 호텔정보시스템사용자와 개발자의 정보시스템 품질 측정 항목을 추가하여 35개의 호텔정보시스템 서비스 품질 척도 항목을 개발하였다. 이들 항목에 대한 타당도 검정은 내용타당도, 구성타당도 검정을 실시하였다. 내용타당도 검정은 변동계수를 이용한 결과 정보시스템 품질 측정 세부 항목이 100% 이하로서 고른 분포를 나타내고 있었다. 집중타당도 검정결과 결합된 요인 간의 변수별 요인적재량이 0.5 이상으로 각 소속요인에 높게 적재되어 있어 세부 항목들의 집중타당도가 있다고 볼 수 있었다. 따라서 PZB의 SERVQUAL를 이용한 지각도－기대도를 이용한 호텔정보시스템 서비스 품질의 측정이 가능하였다.

둘째, 호텔정보시스템 서비스 품질을 측정하기 위한 지표는 무엇인가?

추출된 6개 요인의 고유치는 각각 11.189, 3.886, 3.672, 2.802, 1.654, 1.252로서 요인추출 기준으로 지정한 고유치 1 이상인 요인만 추출되었다. 또한 6개 요인 중, 요인 1은 24.512%, 요인 2는 13.4215, 요인 3은 13.132%, 요인 4는 12.634%, 요인 5는 11.549%, 요인 6은 10.918%를 설명함으로써 전체 누적 89.166%를 설명하고 있다. 요인분석 결과 얻어진 호텔정보시스템 서비스 품질 측정척도의 구성요인은 유형성, 신뢰성, 응답성, 확실성, 공감성, 적합성으로 명명하여 호텔정보시스템 품질을 측정하는 지표로 삼을 수 있다.

셋째, 객실관리업무, 관리업무, 업장 관리업무를 구분할 때 호텔정보시스템 서비스에 대한 이들 간의 인식 정도에 차이가 있는가?

업무별 정보시스템에 대한 아이겐 값과 설명력을 분석해 본 결과 정보시스템의 특징 및 사용자 업무 성격에 따라 요인의 순위 변화가 있었다.

전반적인 호텔정보시스템의 서비스 품질 중요도는 공감성, 유형성, 신뢰성, 확실성, 적합성, 응답성순서로 나열되었다. 그리고 객실

고객을 관리하는 프론트오피스 정보시스템의 중요도는 확실성, 공감성, 응답성, 유형성, 신뢰성, 적합성으로 정리가 되었다. 프론트오피스시스템에서 가장 중요하게 작용하는 확실성은 시스템의 특성상 실시간으로 운영되며 고객에게 직접 정보를 제공해야 함으로 정확한 출력자료, 고장 없는 시스템이 무엇보다도 중요한 항목으로 작용되었다고 볼 수 있다. 백오피스시스템은 신뢰성, 확실성, 유형성, 공감성, 적합성, 응답성으로 나열되었다. 백오피스시스템에서 가장 중요하게 작용하는 신뢰성요인의 구성항목을 보면 믿을 수 있는 서비스, 문제해결을 위한 노력인데 이는 관리업무의 내용이 급여, 매입, 매출 등 금전에 관한 업무임으로 해당요인이 중요하게 작용하였다고 볼 수 있다. 업장관리시스템은 공감성, 유형성, 확실성, 신뢰성, 응답성, 적합성순서로 나열되었다. 가장 중요하게 작용하는 공감성 요인의 항목을 보면 이익을 최우선, 개인적인 관심과 애정 등인데 이는 업장을 이용하는 고객 대다수가 한국 사람으로 정보시스템 문제 발생 시 이에 대한 이해를 하지 않음으로서 종사원이 받는 스트레스가 다른 부서보다 많은 곳으로 정보시스템 서비스가 중요하다 하겠다.

그리고 호텔별로 정보시스템 서비스 품질 사용자 분석결과에서 특1급 호텔, 특2급 호텔종사원들이 기대하는 정보시스템에 대한 서비스의 기대치는 비슷하며 또한 정보시스템에 대한 서비스 기대를 많이 하고 있다.

그러나 이에 비해 종사원이 지각하는 정보시스템 서비스 품질에 대한 지각치는 모든 호텔이 대부분 저조함으로서 우리나라 호텔정보시스템 서비스 품질에 대한 심각함을 보여주었다. 따라서 호텔정보시스템은 최신의 하드웨어와 정보통신과 같은 시설설치도 중요하지만 종사원이 정보시스템 사용 중 문제가 발생하였을 때 신속하고 정확한 서비스가 무엇보다도 중요하다고 하겠다.

넷째, 호텔정보시스템 서비스 품질이 호텔종사원 인적서비스제공 수준에 미치는 영향은 무엇인가?

인적서비스에 대한 호텔정보시스템 서비스 품질에서 R^2 값이 0.581로 총분산의 58.1%를 설명하고 있으며, 회귀식에 대한 F 값이 6.456으로 유의수준($p<0.011$)에서 통계적으로 유의한 결과를 보여주고 있다. 따라서 호텔정보시스템 서비스 품질은 인적서비스에 직접적으로 영향을 미치는 것으로 파악되었다. 또한, 정보시스템 서비스 품질의 구성요소인 공감성, 유형성, 신뢰성, 확실성, 적합성, 응답성 중 어떤 요소가 인적서비스를 잘 설명하는지를 파악하기 위해 종속변수를 인적서비스로, 독립변수를 정보시스템 서비스 품질 6가지 구성요소로 회귀분석을 실시하였는데, 회귀 모형에서 R^2값은 0.642로 총분산의 64.2%를 설명하고 있으며, 회귀식에 대한 F 값이 13.592로서 유의수준($p<0.000$)에서 통계적으로 유의한 결과를 보여주고 있다. 인적서비스에 있어서 6가지 정보시스템 서비스 품질의 구성요소 중 유의수준 0.05에서 확실성(0.261), 적합성(0.190), 공감성(0.162), 응답성(0.148), 신뢰성(0.101)순으로 인적서비스에 영향력이 있음을 보여주며 이는 통계적으로 유의한 결과를 보이고 있으나 유형성은 유의하지 않음을 알 수 있다.

회귀분석을 통하여 호텔정보시스템 서비스 품질이 종사원 인적서비스에 영향력이 있음을 알게 되었다. 이를 바탕으로 종사원 인적서비스의 대응성 및 서비스 방식요인과 정보시스템 서비스 품질 중 유형성을 제외하고 이들 간의 관계를 구조적으로 그 특성을 파악하기 위하여 정준상관분석을 실시하였다. 그 결과 정준상관분석에서

는 여러 쌍의 정준변인 중 첫 번째 정준변인 쌍은 통상 분산설명도
가 제일 높으며 정준상관계수는 0.4992로 설명력을 58.87%를 가졌
다. 정준변인 인적서비스 향상을 위한 호텔정보시스템 서비스 품질
항목들의 정준부하가 0.3 이상인 경우만 고려할 경우 대응성 및 서
비스 방식요인을 구성하는 항목 중 나는 우리 호텔에서 사용하는
서비스매뉴얼을 잘 이해하고 있다, 고객에게 신속한 서비스를 제공
하기 위하여 항상 노력한다, 서비스를 적시에 제공하기 위하여 항
상 관심을 갖는다, 항상 자신감을 가지고 고객을 접대한다, 조직의
전체적인 서비스제공시스템을 이해하려고 노력한다가 향상되려면
정보시스템 요인을 구성하는 항목 중 사용자와의 시간 약속, 사용
자 문제를 해결하기 위한 성의, 약속한 시간에 제공되는 서비스, 언
제 서비스가 제공될 것인지 알려 줄 것이다, 신속한 서비스를 제공
할 것이다, 언제나 능동적으로 도움을 줄 것이다,

  항상 질문에 성실하게 대답할 것이다, 문제 해결을 빨리 해 줄
것이다, 문제 발생 시 전화를 하면 즉시통화가 가능할 것이다, 사용
자에게 믿을 수 있게 행동할 것이다, 업무에 대하여 정확하게 파악
하고 있을 것이다, 출력되는 자료는 정확할 것이다, 시스템이 다운
(down)없이 운영될 것이다, 사용자 업무시간에 편리하게 운영될 것
이다, 사용자의 이익을 최우선으로 할 것이다, 사용자의 필요한 내
용을 이해하고 있을 것이다, 사용자 개별 교육을 실시할 것이다, 사
용자 운영 교재가 제공될 것이다, 업무에 알맞은 소프트웨어를 제
공할 것이다, 사용자수준에 알맞은 시스템을 제공할 것이다 등이
중요하게 작용하는 것으로 나타났다.

  다섯째, 호텔정보시스템 서비스 품질이 호텔종사원 직무만족과
어떠한 관계가 있는가?

직무만족에 대한 호텔정보시스템 서비스 질에서 R^2값이 0.493으로 총분산의 49.3%를 설명하고 있으며, 회귀식에 대한 F 값이 9.508로 유의수준(p<0.002)에서 통계적으로 유의한 결과를 보여주고 있다. 따라서 호텔정보시스템 서비스 품질은 직무만족에 직접적으로 영향을 미치는 것으로 파악되었다. 또한, 정보시스템 서비스 품질의 구성요소를 공감성, 유형성, 신뢰성, 확실성, 적합성, 응답성으로 어떤 요소가 직무만족을 잘 설명하는지를 파악하기 위해 종속변수를 직무만족으로, 독립변수를 정보시스템 서비스 품질 6개의 구성요소로 파악하여 회귀분석을 실시하였는데, 회귀 모형에서 R^2값은 0.529로 총분산의 52.9%를 설명하고 있으며, 회귀식에 대한 F 값이 5.179로서 유의수준(p<0.000)에서 통계적으로 유의한 결과를 보여주고 있다. 직무만족에 있어서 6가지 정보시스템 서비스 품질의 구성요소 중 유의수준 0.05에서 확실성(0.915), 유형성(0.125)순으로 직무만족에 영향력이 있음을 보여주며 이는 통계적으로 유의한 결과를 보이고 있으나 공감성, 신뢰성, 적합성, 응답성은 유의하지 않음을 알 수 있다. 회귀분석을 통하여 호텔정보시스템 서비스 품질이 종사원 직무만족에 영향력이 있음을 알게 되었다. 이를 바탕으로 종사원 직무만족의 자기개발요인과 정보시스템 서비스 품질 중 공감성, 신뢰성, 적합성, 응답성을 제외하고 이들 간의 관계를 구조적으로 그 특성을 파악하기 위하여 정준상관분석을 실시하였다.

그 결과 정준상관계수는 0.4872로 설명력을 52.55%를 갖는다. 정준변인 직무만족 향상을 위한 호텔정보시스템 서비스 품질 항목들의 정분부하가 0.3 이상인 경우만 고려할 경우 직무만족요인 중 업무에서의 사원의견 반영도에 대하여, 회사에서의 능력 발휘 기회에 대하여, 자기개발 실현 기회에 대하여, 직무와 적성의 합치도에 대하여, 회사 일의 즐거움 정도에 대하여가 향상되려면 현대적 하드웨어와 소프트웨어, 업무에 필요한 기자재 준비, 충분한 용량 제공, 사용자에게 믿을 수 있게 행동할 것이다, 일을 할 때 안정감을 느낄 것이다, 예의바르고 공손할 것이다, 업무에 대하여 정확하게 파악하고 있을 것이다, 출력되는 자료는 정확할 것이다, 문제 발생 시 화를 내지 않을 것이다, 한번 발생한 문제는 일어나지 않을 것이다, 시스템이 다운(down)없이 운영될 것이다 등이 중요하게 작용하는 것으로 나타났다.

그동안 우리나라에서 제공되는 서비스 품질 척도 모형이 정리되지 않았지만 2000년 3월에 한국 품질표준협회에서 서비스 품질 척도 모형을 개발하여 기업에 적용하기로 하였다. 그러나 평가하고자 하는 산업체 및 업무 분야가 너무 광범위하여 KS-SQI 척도를 적용하기는 다소 무리가 따를 것이다. 본 연구에서는 제품의 가치로서만 여기던 정보시스템에 관한 평가 척도를 내부 마케팅 역할을 하는 호텔정보시스템 서비스 품질 척도 모형을 개발하는 데 초점을 맞추어 처음으로 모형을 만들었다. 이 모형의 기본 틀은 SERVQUAL 모형 차원을 적용하여 일반적인 정보시스템 서비스 품질 모형을 완성시킨 Pitt와 Watson의 연구를 기초로 하여 서비스 전달자로서의 역할인 호텔정보시스템 서비스 품질 척도의 모형을 개발하였고 이는 서울에 위치한 특급호텔을 대상으로 예비조사를 거쳐 본 조사과정까지 검정을 거친 연구이다. 연구결과 첫째, 호텔정보시스템 서비스 질 모델은 SERVQUAL 모형을 적용 가능하게 했으며 추가적으로 호텔의 경영 특징, 국가적 문화 차이에 의한 시스템 구축인 적합성(suitability)이 요인으로 필요하였다. 둘째, 업무 부서의 특징에 따라 운영 되는 프론트오피스시스템, 백오피스시스템, 업장관리시스템종류 별로 차지되는 요인의 구성이 다르다는 것을 알았다. 셋째, 호텔정보시스템 구축은 대고객서비스에 중요하며 직무만족과도 관계가 있으며 이로 인하여 정보시스템이 없다면 불편하다는 조사결과로 보아 호텔경영상 정보시스템의 구축은 불가피하다는 것을 말해 주었다. 넷째, 호텔종사원의 고객에 대한 인적서비스는 호텔정보시스템을 이용하여 제공하는 서비스에 관계가 있다고 판명되었고, 다섯째, 종사원의 직무만족과 호텔정보시스템과의 관계도 매우 밀접한 관계로 조사되어 호텔종업원이 대고객 서비스를 진행함에 있어 호텔정보시스템의 영향이 매우 크다는 것을 알게 되었다. 따라서 그동안 진행되어온 인적서비스 및 직무만족 영향 요인에 호텔정보시스템 서비스 역할의 중요도가 처음으로 연구되었다.

이 연구에서 시사하고자 하는 점은 이제는 호텔정보시스템의 역할이 하나의 제품(product)이 아니라 서비스 전달자(service delivery)로서의 사고의 전환이 필요하며 이에 따라 호텔정보시스템 서비스 질을 향상시켜 종사원의 인적서비스를 통하여 대고객서비스를 원활하게 하고 또한 종사원의 직무만족을 가져오는 데 있다고 하겠다.

제2절 기대효과

호텔정보시스템의 환경은 80년대와 90년대를 비교해서 보면 많은 변화가 있다.

80년대에 사용된 대표적인 하드웨어는 IBM기종이고 여기에 사용된 소프트웨어는 H.I.S.(Hotel Information System)이다. 그 당시에는 국내에서 개발된 이렇다 할 만한 소프트웨어도 없고 호텔정보시스템이라고 하면 H.I.S.가 대표성을 가지고 있었다. 그러나 90년대에 접어들면서 국내의 소프트웨어 개발업체도 호텔서비스업에 적당한 소프트웨어를 개발하여 출시하였지만 사업체의 영세성 및 신뢰성측면에서 큰 효과를 보지 못하였다. 또한, 퍼스널컴퓨터의 보급과 정보통신의 발달은 호텔정보시스템 사용 범위를 확대시켰으며 이로 인한 정보시스템 부서의 역할은 소프트웨어개발 및 하드웨어구축뿐만 아니라 사용자 교육 및 서비스 품질에까지 업무의 기능이 확장되었다. 더욱이 인터넷을 이용한 정보시스템 환경은 사용자가 신뢰할 수 있는 정보제공 서비스까지 관리하게 되었다.

이렇게 정보시스템의 기능이 서비스전달자의 역할로 추가됨으로써 그동안 마케팅 분야에서만 중요하게 여기던 서비스 품질은 정보시스템 분야에서도 연구되었다.

이를 토대로 본 연구에서 개발된 호텔정보시스템 서비스 품질 평가 척도에서 앞으로 기대할 수 있는 효과는 다음과 같다. 첫째, 호텔정보시스템 사용자가 기대하고 지각한 정보시스템 서비스의 품질 구성항목이 연구됨으로써 그동안 무관심했던 호텔정보시스템 현재 상황을 파악할 수 있을 것이다. 둘째, 호텔정보시스템의 서비스 품질 측정 도구가 개발됨으로써 정확한 사용자 만족 자료를 통해 정보시스템 서비스를 자가진단 할 수 있는 계기가 될 것이다.

셋째, 새로운 정보시스템 도입 시 사용자가 기대하는 기대항목들을 고려한 적당한 정보시스템이 구축될 것이다. 넷째, 호텔종사원의 인적서비스와 직무만족에 영향을 미치는 요인으로 정보시스템 서비스 품질 작용한다는 것은 정보시스템 운용 시 좋은 자료가 될 것이다. 다섯째, 호텔서비스업을 대상으로 연구된 정보시스템의 서비스 품질 척도가 계기가 되어 다른 업종에서도 확산하여 연구가 진행될 것이다.

제3절 연구의 한계 및 미래 연구의 방향

호텔이용고객을 대상으로 서비스 품질에 대한 선행연구 내용을 보면 설문조사대상에 대한 선택과 대상호텔의 특성이 다양하였다.

호텔종사원을 대상으로 한 본 연구는 조사대상 범위는 좁으나 정보시스템을 사용하는 부서의 종사원을 선별하는 데 어려움이 있었다. 더욱이 관광객이 아니고 업무를 수행 중인 현장 종사원인 이유로 설문지 조사에 시간을 할애하는 데 매우 어려움이 뒤따랐다. 개인적으로 설문지를 분배하여 조사를 하지 못하고 팀장이나 책임자에게 일괄적으로 설문지를 부탁하고 수집하는데 한계가 있었지만 그나마 다행스러운 일은 정보시스템이라는 정해진 범주에서 연구대상 호텔을 찾기에는 큰 어려움이 없었다. 이유는 정보시스템의 현황 및 통계자료를 미리 조사하여 선별하였기 때문이다. 본 연구의 결과로 호텔정보시스템 서비스 품질 측정 모형 개발이 처음 시작되는 시점에서 앞으로 특급호텔뿐만 아니라 아직 정보시스템 구축이 되고 있지 않은 호텔을 대상으로 종사원이 기대하는 호텔정보시스템 서비스 품질을 연구할 것이다. 이를 바탕으로 호텔정보시스템을 관리하는 정보시스템 부서의 업무지침이 될 수 있도록 노력할 것이며 새로운 정보시스템 도입 시 도움이 되도록 할 것이다. 더 나아가 우리나라 호텔서비스업의 정보시스템 서비스 개선에 역할을 하고자 한다. 본 연구에서 아쉬움이 남는다면 처음으로 연구되는 호텔정보시스템 서비스 품질 조사에서 사용자 업무를 부서별 정보시스템 기능보다 더욱 자세한 모듈단위에서 상세하게 조사하지 못한 점이다. 향후 본 연구를 토대로 사용자만족에 대한 호텔정보시스템 서비스 품질 평가결과에 의해 최고경영자의 투자 정책에 반영될 수 있는 관점과 투자 후 효율적인 측면에서 연구하고자 한다.

또한 특급호텔 대상이 아니라 일반적인 관광호텔을 대상으로 우리나라 호텔정보시스템 품질과 사용자 만족에 관하여 연구하고자 한다. 이 연구는 최고경영자의 의견과 호텔정보시스템 구축에 의한 고객지원 서비스를 통하여 고객의 서비스를 만족시키고 호텔 매출 신장까지 연결할 수 있는 연구가 되었으면 한다.

참고문헌

<국내문헌>

강승모(1994), "서비스 질의 척도 SERVQUAL에 관한 연구", 한양대학교대학원, 석사학위청구논문.

김경덕·황재선(2000), 『서비스 경영문화』, 학문사.

김기환(1996), "한국서비스산업의 성장과 구조변화", 서울대학교대학원 박사학위청구논문.

김대권(1994), "호텔서비스 품질에 대한 소비자의 평가에 관한 연구", 동국대학교 대학원, 박사학위청구논문.

김민주(1995), "호텔인적서비스 개선을 위한 종업원의 조직 동일시 연구", 인하 대학교대학원, 박사학위청구논문.

김민주(1998), "호텔종사원의 조직시민행동과 직무관련태도, 인적서비스 제공 수준과의 관계", 「관광학연구」, 제22권 제2호, 한국관광학회.

김사헌(1998), 『연구논문 작성법 강독』, 경기대학교.

김사헌(2000), 『관광학연구방법론』, 일신사.

김성인(1994), 『서비스산업에서의 품질 관리』, 청문각.

김성혁 (1997), 『관광서비스』, 백산출판사.

김성혁·원융희(1992), "직무만족과 서비스제공 수준에 관한 연구", 「관광학연구」, 제16권, 한국관광학회.

김세중 외 4인, 『경영정보시스템』, 도서출판 광명.

김효열(1997), "정보시스템실 수행 효율성의 평가", 한국과학기술원, 석사학위청구논문.

김준곤(1992), "직무만족과 리더행동이 노조몰입에 미치는 영향", 성균관대학교대학원, 박사학위청구논문.

김충호(1983), 『호텔 경영학』, 형설출판사.

김홍범(1998), "고객의 외식동기에 따른 레스토랑 선택속성의 차이". 「관광학연구」, 제21권 제2호, 한국관광학회.

민원경(1997), "호텔이미지와 서비스 품질 간의 상관관계에 관한 실증적 연구", 부산대학교대학원, 석사학위청구논문.

민창기(1997), "호텔종사원의 문화 간 수용능력이 직무만족에 미치는 영향",「관광학연구」, 제20권 제2호, 한국관광학회.

박봉규(1999), "호텔종사원의 직무만족과 고객지향 간의 관계에 있어서 자발적행동과 직무역할 행동의 역할에 관한 연구",「관광학연구」, 제22권 제3호, 한국관광학회.

박석희(1999), 『관광조사연구기법』, 일신사.

박 연(1994), "호텔서비스 품질에 대한 고객만족도에 관한 연구", 세종대학교대학원, 석사학위청구논문.

박정화·김홍범(1997), "호텔의 서비스 품질 관리가 종사원 직무만족과 고객만족에 미치는 영향에 관한 연구",「관광학연구」, 제20권 제2호, 한국관광학회.

박중환(1995), "호텔서비스 평가에 관한 연구", 동아대학교대학원, 박사학위청구논문.

송명섭(1997), "판매시점데이타의 실시간 전송을 위한 인트라넷기반 POS시스템의 구축에 관한 연구", 서울대학교대학원, 석사학위청구논문.

신강현(1996), "관광호텔의 인적판매 서비스전략에 관한 실증적 연구", 경기대학교대학원, 박사학위청구논문.

신혜숙(1999), "호텔종사원의 조직 동일시에 영향을 미치는 내부마케팅 요인", 「관광학 연구」, 제24권 제1호, 한국관광학회.

심인보(1997), "호텔이미지와 자아이미지 일치성에 관한 연구", 경기대학교대학원, 박사학위청구논문.

윤용선(1995), "호텔부대시설에서의 서비스 만족도에 관한 연구", 경희대학교대학원, 석사학위청구논문.

엄서호(1994), "주제공원 서비스 질의 측정척도 개발에 관한 연구", Vol.22, No.2, 한국조경학회.

엄서호 · 윤미희(1993), "서비스 질의 측정에 관한 연구", 「관광학 연구」, 제17호, 한국관광학회.

엘지정보통신(1996), 『전자교환시스템 매뉴얼』

이상범 · 이계영(1999), 『전산학 개론』, 정익사.

이주형(1994), "관광호텔 서비스 질 평가 모형에 관한 연구", 경기대학교대학원, 박사학위청구논문.

이준혁(1997), "호텔 서비스 품질 평가에 관한 연구", 세종대학교대학원, 박사학위청구논문.

이준엽(1994), "서비스 품질에 대한 소비자의 인식차이에 관한 연구", 서울대학교대학원, 석사학위청구논문.

이유재(2000), "서비스 품질 모형의 개발과 적용방안", 「한국품질학회」.

정기억 · 이동만(1995), "정보시스템의 사용자 만족에 영향을 주는 요인의 상호작용 효과", 「경영정보학연구」, 제5권 2호, 한국경영정보학회.

정동진(1995), "전산시스템 운영에 있어서 사서의 직무만족에 영향을 미치는 요인 연구", 성균관대학교대학원, 석사학위청구논문.

정문성(1995), "관광호텔의 고객불만족원인과 그 대책에 관한 연구", 경희대학교대학원, 석사학위청구논문.

정진욱 외(1985), 『데이터통신과 컴퓨터 네트워크』, 옴사.

조긍호(1997), 『상사의 특성과 조직구성원의 직무만족도』, 오롬시스템.

조선배(1990), "호텔서비스 평가에 관한 연구", 동국대학교대학원, 석사학위청구논문.

조선배(1994), "호텔서비스 구매의도에 대한 영향요인", 광운대학교대학원, 박사학위청구논문.

조선배(2000), 『서비스산업의 품질 평가, 어떻게 해야 하나』, 품질경영.

차길수(1993), "물리적 서비스환경 및 서비스요원 믹스의 영향에 관한 실증적 연구", 경기대학교대학원, 박사학위청구논문.

차석빈(1997), 『호텔산업에서의 서비스 보증제도』, 디스.

채서일(1998), 『마케팅조사론』, 학현사.

최이규(1998), 『SPSSWIN을 이용한 통계분석』, 무역경영사.

한경수(2000), 『신관광마케팅』, 학문사.

한국관광공사(1999), 『98 외래관광객실태조사 요약분』.

한국관광공사(2000), 『1999관광불편신고 종합분석서』.

한국관광협회중앙회(2000), 『관광사업체명부』.

한국은행(1999), 『우리경제의 서비스화 현황과 특징』.

한진정보통신(1998), 『Hanjin Information Systems & Tele- communications』.

허정봉(1990), "호텔 경영자동화시스템에 관한 연구", 성균관대학교대학원, 석사학위청구논문.

허정봉(1998), "호텔객실관리시스템 도입에 관한 연구", 「여행학 연구」, 제5호, 한국여행학회.

허정봉(1998), 『호텔경영정보시스템』, 백산출판사.

허정봉 외 7인(2000), 『호텔경영학개론』, 백산출판사.

황영주(1993), "서비스 질의 측정을 위한 척도에 관한 연구", 한양대학교대학원, 석사학위청구논문.

황의철(1977), 『신품질 관리』, 박영사.

산하정보기술(1998). 『호텔정보관리시스템 안내서』.

A. P. Technology(1997), 『호텔시스템 설명서』.

PCOMS(2000), 『erp/webMaster 시스템 설명서』.

<국외문헌>

Albert Caruana, Michael T. Ewing, B. Ramaseshan(1999), Assessment of the Three-Column Format SERVQUAL: An Experimental Approach, *Journal of Business Research* pp.57-65.

Alter, S. L.(1992), *Information Systems: A Management Perspective*, Addison Wesley, MA.

Anne M. Smith(1999), Some Problems When Adopting Churchill's Paradigm for the Development of Service Quality Measurement Scales, *Journal of Business Research*, pp.109~120.

Bailey, J. E. and S. W. Pearson(1983), Development of a Tool for Measuring and Analyzing Computer User Satisfaction, *Management Science*, vol.29, no.5, pp.530-545.

Beatty, R. W. & craig E. Schmeier(1979), Personnel Administration: An Experimental Skill Building Approach, 2nd ed., California: Addison Wesley Publishing Co., pp.305-351.

Berry and Parasuraman(1997), A Listening to the Customer-The Concept of a Service Quality Information System, *Sloan Management Review*, Spring, pp.65-76.

156

Berry. Leonard L.; Parasuraman, A.(1992), Services Marketing starts From Within, *Marketing Management*, Winter 92, Vol.1 p.25.

Bruwer, P. J. S.(1984), A Siscriptive Model of Success for Computer-Based Information System, *Information & Management*, vol.7, pp.63-67.

Carman, James M.(1990), Consumer Perceptions of Service Quality: An Assessment of the SERVQUAL Dimensions, *Journal of Retailing*, Vol.66.

Cesar Camison(2000), Strategic attitudes and information technologies in the hospitality business: an empirical analysis, *Hospitality Management*, pp.125-143.

Collen Cook(2000), SERVQUAL and the Quest for New Measures, *Texas A&M University*.

Colleen Cook, Fred Heath & Bruce Thompson(2000), "A New Culture of Assessment: Preliminary Report on the ARL SERVQUAL Survey", *66th IFLA Council and General Conference*, August, 2000.

D. Dary Wyckoff(1984), New Tools for Achieving Service Quality, *The Cornell Hotel and Restaurant Quarterly*.

De Ruyter. Ko, Wetzels. Martin(1996), Two Sides of the Same Story: Measuring Different Quality Perceptions of the Dyadic Service Encounter with the Servcon Instrument, *Total Quality Management*, 1996, Vol.7 pp.595-604.

DeLone, W. H. and McLean, E. R.(1992), Information Systems Success: The Quest for the Dependent Variable, *Information Systems Research*, March.

Doll, William J., Torkzadeh, Gholamreza(1991), The Measurement of

End-User Computing Satisfaction: Theoretical and Methodological Issues, Vol15, *MIS Quarterly*, pp.5~11, Mar, 1991.

Francis, Dave and Don Young(1979), Improving Work Groups: A Practical Manual for Team Building, San Diego, Ca Univ., Associates.

Hamiliton, S. and N. L. Chervancy(1981), Evaluating Information System Effectiveness. Part I. Comparing Evaluation Approaches, *MIS Quarterly*, vol.5, no.3, September, pp.55-69

Hart, Christopher W. L. and Gregory D. Casserly(1985), Quality: A Brand New, Time Tested Strategy, *The Cornell H. R. A. Quarterly*, Nov. pp.55.

Henry Assael(1995), *Consumer Behavior and Marketing action*, South-Western College publishing.

Igbaria, M. and S. A. Nachman(1990), Correlates of User Satisfaction with End User Computing, *Information & Management*, vol.19, no.2, pp.73-82.

Iivari, J. and I. Ervasti(1994), User Information Satisfaction: IS Implementability and Effectiveness, *Information & Management*, vol.27, no.4, pp.206-220.

James A. Bardi(1990), *Hotel Front Office Management*, Library of Congress Cataloging-in-Publication Data, p.92,.

James A. O'brien(1990), *Management Information Systems: A Managerial end user perspective*, Richard D. Irwin, INC.

James A. Fitzsimmons, Mona J. Fitzsimmons(1997), *Service Management Operations, Strategy, and Information Technology*, Irwin/McGraw-Hill.

Jonetta Delaine Mosley-Matchett(1996), The effects of Internet-Based Interactive Marketing on Consumer Impressions of Service Quality, AMA.

Joseph J. Haszonics(1971), *Front Office Operation*, The Bobbs-Merrill Company, Inc.

Judy A. Siguaw and Cathy A. Enz(1999), Best Practices in Information Technology, *Cornell Hotel and Restaurant administration Quarterly*.

King, Carol A.(1987), A Framework for a Service Quality Assurance System, *Quality Progress*, Sep. pp.19-97.

Laudon, K. C. and Laudon, J. P.(1991), *Management Information Systems: A Contemporary Perspective*, Macmillan, New York.

Lawrence, M. and G. Low(1975), Exploring Individual User satisfaction within User-Led Development, *MIS Quarterly*, vol.17, no.2, June, pp.195-208.

Leonard L. Berry and A. Parasuraman(1991), *Marketing Services Competing through Quality*, Library of Congress Cataloging-in-Publication Data.

Lgbaria, Magid; Parasuraman, Saroj(1994), Work experiences, Job Involvement, and Quality of Work Life among Information Systems Personnel, *MIS Quarterly*, Vol.18 Issue 2, pp.175-202.

Martin Peacock(1995), *Information Technology in the Hospitality Industry*, Library of congress Cataloging-in-Publication Data.

Marvin Bill,(1997), *Guest-Based Marketing*, John Wiley & Sons, Inc.

Michael E. Porter and Victor E. Millar(1985), How information gives you competitive advantage, *Harvard Business Review*.

Michael L. Kasavana & John J. Cahill(1997), *Managing Computers in the Hospitality Industry*, Library un the United States of America.

Michael M. Coltman, MBA(1994), *Hospitality Management Accounting*, Van Nostrand Reinhold.

Mill, Robert C.(1986), Managing the Service Encounter, *The Cornell H.R.A. Quarterly*, Feb., pp. 39-46.

Montazemi, A. R.(1988), Factors Affecting Information Satisfaction in the Context of the Small Business Environment, *MIS Quarterly*, vol.12, no.2, pp.239-256.

Myers, Michael D(1997), Qualitative Research in Information Systems, *MIS Quarterly*, Vol.21, pp.241-243.

Newsted, Peter R., Huff, Sid L., Munro, Malcolm C.(1998), Survey Instruments in Information Systems, *MIS Quarterly*, Vol.22, pp.553-555.

Parasuraman, A., Zeithaml, V.A., and Berry, L.L.(1985), A Conceptual Model of Service Quality and Its Implications for Future Research, *Journal of Marketing*, Vol.49, Fall, p.47.

Parasuraman, Zeithaml and Berry(1994), Reassessment of Expectations as a Comparison Standard in Measuring Service Quality: Implications for Future Research, *Journal of Marketing*, January, pp.111-135.

Peter O'connor(1996),*Using Computerd in Hospitality*, Cassell.

Pierre Chenet, Caroline Tynan, Arthur Money(1999), Service Performance Gap: Re-evaluation and Redevelopment, *Journal of Business Research*, p.134.

Pitt, Leyland F., Watson, Richard T.(1995), Service Quality: A

Measure of Information Systems Effectiveness, *MIS Quarterly*, Vol.19 Issue 2, p.173.

Pitt, Leyland F., Watson, Richard T.(1997), Measuring Information Systems Service Quality: Concerns for a Complete Canvas, *MIS Quarterly*, Vol.21 Issue 2, pp.209-222.

Pitt, Leyland F., Watson, Richard T.(1998), Measuring Information Systems Service Quality, *MIS Quarterly*, Vol.22 Issue1, p.61.

Porter, L. W. and Edward E. Lawler Ⅲ(1968), Managerial Attitudes and Performances, Homewood: Rechard D. Irwin, p.200.

Robert C. Lewis(1985), Predicting Hotel Choice: The Factors Underlying Perception, The Cornell H. R. A Quarterly, February, Vol.25, p.91.

Robert G. Murdick(1980), *MIS Concepts and Design*, Prentice-Hall, Inc.

Robert H. Woods, ph. D., Chre Judy Z. King(1996), *Quality Leadership and Management in the Hospitality Industry*, Educational Institute of the American Hotel & Motel Association.

Robert W. Armstrong, Connie Mok, Frank M. Go, Allan Chan(1997), The Importance of Cross-Cultural Expectations in the Measurement of Service Quality Perceptions in the hotel industry, *International Journal Hospitality Management*, Vol.16, pp.181-190.

Smith, Ruth A. & Michael J. Houston(1982), Script Based Evaluations of Satisfaction with Services, in Emerging Perspectives on Service Marketing, L. Berry et al., Eds., Chicago: AMA, pp.59-60

Tait, P. and I. Vessey(1988), The Effects of User Involvemention System Success: A Contingency Approach, *MIS Quarterly*, vol.12, pp.91-108.

Theodore Levitt(1976), The Industrialization of Service, *Havard Business Review*, September-October.

Van Dake, Tomas P., Kappelman, Leon A. Measuring Information Systems Service Quality: Concerns on the Use of the SERVQUAL Questionnaire, *MIS Quarterly* (21:2), pp.195-208.

William G. O'Brien and Alan J. Parker(1987), Forward-Looking Instruction in Information Systems, August, *The Cornell H. R. A. Quarterly*.

Woods, Robert H. and James F. Macaulay(1989), Time for Turn Over: Retention Programs That Work, *The Cornell H. R. A. Quarterly*, May, pp.79-90.

Wyckoff, Daryl D.(1984), New Tools for Achieving service Quality, *The Cornell H. R. A. Quarterly*, Nov., pp.78-91.

Zeithaml, Valarie A., Berry, Leonard L(1996), The Behavioral Consequences of Service Quality, *Journal of Marketing*, April, pp.31-46.

http://www.aber.ac.uk/media/Documents/short/trans.html

http://www.sei.cmu.edu/publications/documents/93.reports/93.tr.024.html

http://fcn.state.fl.us/sto/pubs/itu/CMM0597.htm

http://www.servqual.or.kr

http://www.servqual.com

http://www.mngt.waikato.ac.nz

· 저자 ·

허정봉　　·약　력·
경기대학교 대학원 여가관광개발학과/관광학박사
성균관대학교 대학원 정보처리학과/경영학석사
숙명여자대학교 대학원 실버산업학과 실버산업 석사 수료
국제공인호텔총지배인자격증 CHA (미국호텔모텔협회)
미국, 일본, 태국, 인도네시아 호텔산업 정보시스템 연수
한국IBM 연수 (주)태창 기획조정실 코디네니터
(주)한국화이자제약 재정부
(주)대우개발-서울힐튼호텔 재정부 실장
신세계그룹-웨스틴조선호텔(서울.부산) 관리부 부장
경희대, 한양대, 경원대 호텔 및 관광학과 출강
동서울대학 관광정보처리학부 교수/학부장(현)
한국호텔경영학회이사(현)
한국직업능률원 e-learning 심사위원(현)
한국생산성본부시행 ITQ 정보기술자격시험 출제위원(현)
한국산업인력관리공단 심의위원(현)
성남시 문화관광정책 심의위원(현)

·주요논저·
「호텔경영자동화시스템에 관한 연구」
「호텔정보시스템의 서비스 품질측정에 관한 연구」
「호텔객실관리 시스템에 관한 연구」
「호텔고객관리 시스템 구축에 관한 연구」
「I-P방식에 의한 호텔홈페이지 속성에 관한 연구」
「호텔정보시스템 서비스 품질 척도개발에 관한 연구」
「호텔정보시스템의 서비스 품질과 직무만족에 관한 연구」
『호텔경영정보시스템』
『호텔경영학개론』
『관광인을 위한 인터넷 바로알기』
『ITQ 정보기술자격시험 수험서 엑셀』
『MS-ACCESS를 이용한 호텔고객 데이터베이스』
『호텔정보시스템』
외 다수

호텔경영정보시스템 서비스품질

• 초판 인쇄	2006년 11월 30일
• 초판 발행	2006년 11월 30일
• 지 은 이	허정봉
• 펴 낸 이	채종준
• 펴 낸 곳	한국학술정보㈜
	경기도 파주시 교하읍 문발리 526-2
	파주출판문화정보산업단지
	전화 031) 908-3181(대표) · 팩스 031) 908-3189
	홈페이지 http://www.kstudy.com
	e-mail(출판사업부) publish@kstudy.com
• 등 록	제일산-115호(2000. 6. 19)
• 가 격	10,000원

ISBN   89-534-5984-2 93320 (Paper Book)
　　　 89-534-5985-0 98320 (e-Book)